Ateliers
RENOV'LIVRES S.A.
2003

INSTRUCTION
SUR LE SERVICE
QUE LES
RÉGIMENS DE DRAGONS
DEVRONT FAIRE
DANS LES
CAMPS QUI S'ASSEMBLERONT
pendant la préfente année 1756.

Du 17.º Juin 1756.

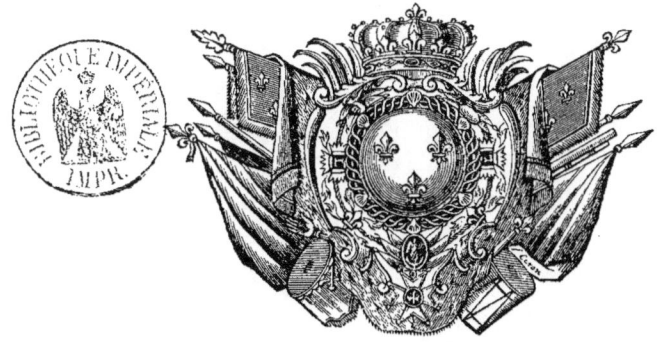

A PARIS,
DE L'IMPRIMERIE ROYALE.

M. DCCLVI.

TABLE

Des Titres contenus dans l'Instruction du 17 juin 1756, sur le service que les régimens de Dragons devront faire dans les Camps qui s'assembleront pendant la présente année 1756.

Du Campement. . . . . Page 1
De l'établissement dans le Camp 8
De la garde du Camp 14
Du Piquet 18
Des Brigades. 24
De l'Ordre . . . . ibid.
De la Retraite, & autres règles du Camp... 28
De l'ordre à observer pour commander les Gardes & Détachemens 32
De la Garde ordinaire. 35
Du service des Gardes ordinaires dans leur poste 39

Des Vedettes. 46
Des Gardes à pied. 47
Du service des Gardes à pied dans leurs postes. 50
Des Sentinelles 56
Des Dragons d'ordonnance. 58
Des Détachemens. . . . . ibid.
Des Marches. 61
Des Équipages. 66
Des Fourrages 71
Des Distributions. 73
De la discipline & police du Camp. 74

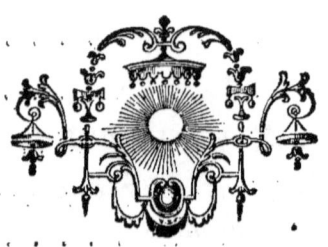

INSTRUCTION

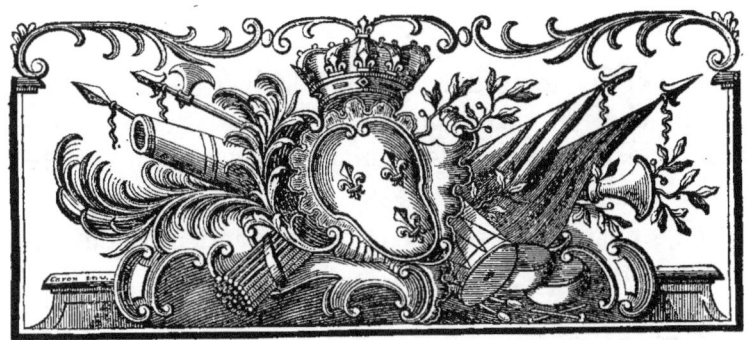

INSTRUCTION

Sur le service que les régimens de Dragons devront faire dans les Camps qui s'assembleront pendant la présente année 1756.

Du 17 Juin 1756.

DU CAMPEMENT.

ARTICLE PREMIER.

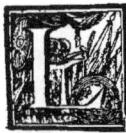ES Mestres-de-camp des régimens de Dragons qui ont eu ordre de se tenir prêts à camper, auront soin qu'ils soient pourvûs de tout ce qui est nécessaire à cet effet.

II.

IL y aura six tentes égales par compagnie ; savoir, une pour le Maréchal-des-logis, & cinq pour les Dragons, à raison de huit hommes par chambrée.   *Tentes.*

A

I I I.

CHAQUE tente doit occuper dix-huit pieds de long, favoir, neuf en quarré pour le corps de la tente, quatre pieds & demi pour le cul-de-lampe, & autant pour l'entrée.

I V.

Chambrées.   LES chambrées feront compofées d'anciens & de nouveaux Soldats.

V.

Marmites.   CHAQUE chambrée fera pourvûe d'une marmite & d'un barril, ainfi que des fourches, travers & piquets néceffaires pour dreffer la tente.

V I.

Manteaux d'armes.   IL y aura un manteau d'armes par compagnie, & un de plus par régiment, pour la garde du camp & des guidons; lefquels manteaux d'armes feront de coutil.

V I I.

LE manteau d'armes de chaque compagnie aura fix pieds de haut, un pied neuf pouces de rondeur dans la partie fupérieure, & dix-neuf pieds de circonférence par le bas, dont deux pour croifer à l'endroit de l'ouverture.

V I I I.

LE manteau d'armes de la garde fera fait en manfarde, de la hauteur de fix pieds; le toit aura deux pieds des deux côtés, fur un pied de pente; & pour tendre le manteau, on formera un chevalet de deux mâts, joints par deux travers, dont l'un fera pofé au haut des mâts, l'autre aura une cheville de fer à chaque bout pour entrer dans les deux mâts, qui font percés à la hauteur de quatre pieds pour les recevoir: les armes de la garde feront appuyées aux deux côtés de ce travers.

IX.

LES tentes & manteaux d'armes seront marqués, en caractère noir, du nom du régiment & du numéro de la compagnie, qui, étant une fois établi pour chacune d'elles, ne sera plus changé, quelque rang qu'elles prennent par la suite dans le régiment.

X.

IL y aura un cordeau par escadron, de soixante pas de longueur, pour marquer le front du camp, & un autre de quarante-six pas pour en marquer la profondeur ; ces cordeaux seront divisés par toises & demi-toises.

Cordeaux & Fiches.

XI.

IL y aura aussi par compagnie deux fiches blanches de sept pieds de haut, ferrées par un bout, & ayant à l'autre une banderole des mêmes couleurs du galon affecté à chaque régiment.

XII.

LORSQU'UN régiment arrivera dans le lieu le plus à portée de celui où il devra camper, celui qui le commandera donnera avis de son arrivée au Commandant du camp & à l'Intendant.

Avis de l'arrivée.

XIII.

LE Commandant du régiment fera partir à l'avance, pour aller au campement, un Officier-major avec un Maréchal-des-logis par escadron, un Brigadier & un Dragon par compagnie.

Détachement pour aller marquer le camp.

XIV.

LES Maréchaux-des-logis seront munis des cordeaux, & les Brigadiers des fiches ci-dessus indiqués.

Le Brigadier de garde sera chargé de porter le manteau

A ij

d'armes de ladite garde, & ceux des compagnies feront portés par un Carabinier de chaque compagnie.

X V.

AUCUN autre que les Officiers, Maréchaux-des-logis, Brigadiers & Dragons commandés pour le campement, n'y marchera avec eux, à moins d'un ordre contraire.

X V I.

Marque du camp. SI le Commandant du camp ordonne que les Dragons campent en ligne, ils laisseront entre eux & l'Infanterie l'intervalle d'un escadron, & s'aligneront sur le même front (à moins qu'il n'eût été ordonné de faire un coude) commençant à marquer leur camp quand la droite ou la gauche de l'Infanterie qu'ils couvriront aura marqué le sien.

X V I I.

LES camps des escadrons d'un même régiment ou d'une même brigade, seront marqués dans le même ordre qu'ils devront être en bataille.

X V I I I.

ON laissera six pas d'intervalle entre le camp de chaque régiment.

X I X.

Distribution du terrein. LE Major général des Dragons distribuera aux Majors des régimens de ce corps le terrein qui lui aura été désigné, & ceux-ci le distribueront à chaque escadron.

X X.

Place des tentes des Dragons. LORSQUE le cordeau du front du camp de l'escadron aura été tendu, on marquera la place de la fourche des premières tentes de chaque compagnie, de manière que les tentes des deux compagnies du centre de l'escadron qui seront adossées, occupent onze pas ou trente-trois pieds, y compris la ruelle pour l'écoulement des eaux, &

qu'il y ait dix-huit pas ou cinquante-quatre pieds entre les tentes des compagnies qui feront face.

XXI.

LE cordeau qui devra marquer la profondeur du camp, sera placé perpendiculairement à celui du front, sur l'alignement que la première compagnie devra former, auquel les autres compagnies se conformeront.

XXII.

ON laissera neuf pas ou vingt-sept pieds entre les fourches des tentes de chaque compagnie.

XXIII.

LES piquets des chevaux seront plantés trois pas en avant des fourches des tentes; le premier sera mis vis-à-vis celle de la tente du Maréchal-des-logis, & on laissera un intervalle entre les chevaux de chaque chambrée, pour le passage des Dragons. *Place des Piquets des chevaux.*

XXIV.

L'ON mettra les fourrages dans l'intervalle des tentes de chaque compagnie; & la dernière chambrée, pour éviter les accidens du feu à cause de la proximité des cuisines, les mettra entre sa tente & celle de la chambrée précédente. *Des Fourrages.*

XXV.

LES places des cuisines seront à quinze pas de la dernière tente des Dragons, & les forges seront placées sur le même alignement. *Des Cuisines & des Forges.*

XXVI.

CELLE des tentes des Vivandiers à dix pas des cuisines. *Des Vivandiers.*

XXVII.

LES places des faisceaux d'armes seront marquées à dix pas ou cinq toises en avant du front de bandière, chacun dans l'alignement de la première tente de sa compagnie. *Des Faisceaux.*

XXVIII.

Place du Faifceau d'armes de la garde du camp. LE faifceau des armes de la garde du camp & des guidons, fera placé à dix pas ou cinq toifes en arrière du terrein qu'occupera ladite garde.

XXIX.

Des Chapelles. LES chapelles feront placées vis-à-vis le centre du régiment, près de la garde du camp, & il y fera mis un fentinelle pris de cette garde.

XXX.

Des tentes des Officiers. LA place des tentes des Lieutenans fera à vingt pas de celles des Vivandiers, & celle des tentes des Capitaines à vingt pas de celles des fubalternes.

XXXI.

A l'égard des tentes des Officiers fupérieurs des régimens, elles feront trente pas en arrière de celles des Capitaines ; favoir, celle du Meftre-de-camp vers le centre du régiment, celle du Lieutenant-colonel à la gauche de celle du Meftre-de-camp, & celles du Major & des Aides-majors à la gauche, & un peu en arrière de celles du Meftre-de-camp & du Lieutenant-colonel ; obfervant que quand le régiment fera campé par fa gauche, les tentes du Lieutenant-colonel & des Officiers-majors devront être fur la droite de celle du Meftre-de-camp.

XXXII.

LES portes de toutes ces tentes feront tournées du côté du camp ; & afin qu'elles foient alignées fur celles des Dragons, ainfi que les cuifines & les forges, l'Officier-major qui fera marquer le camp, aura attention qu'il foit mis des fiches qui indiquent cet alignement.

XXXIII

Refferrer ou élargir le camp. SI l'on fe trouve dans l'obligation de refferrer ou d'étendre le camp, on diminuera ou on augmentera les intervalles entre les régimens; on pourra aussi élargir les rues des chevaux, mais on n'augmentera jamais l'intervalle entre les tentes adossées.

XXXIV.

Le camp étant marqué, les Majors ordonneront aux Maréchaux-des-logis & Brigadiers de campement, d'empêcher que les troupes & les équipages ne passent ailleurs que dans les grands intervalles. *Passages par les grands intervalles.*

XXXV.

Le Commandant des Dragons sera logé au quartier général, quand même il n'y auroit au camp qu'un seul régiment de ce corps. *Logement du Commandant du corps des Dragons.*

XXXVI.

Le Major général des Dragons sera de même logé au quartier général, & le plus à portée qu'il se pourra du Commandant du corps. *Logement du Major général des Dragons.*

XXXVII.

Aucun des Officiers à qui il est ordonné de camper, ne pourra, sous quelque prétexte que ce soit, s'établir ni mettre ses chevaux, domestiques & équipages dans une maison voisine du camp. *Défenses aux Officiers de loger.*

XXXVIII.

Les Majors des régimens seront tenus d'avertir le Major général des Dragons, des Officiers qui ne seront pas campés à leur troupe, ou qui seront contrevenus à l'article ci-dessus, & celui-ci en rendra compte au Commandant du camp & à celui des Dragons.

XXXIX.

Qui que ce soit, en aucun cas, ne pourra loger dans les Eglises ou Chapelles.

X L.

Conduite au camp. CHAQUE Major de campement ira au-devant de son régiment dès qu'il en verra arriver la tête, pour le conduire fur le terrein où il devra camper; & lorfque la colonne des équipages commencera à paroître, un Maréchal-des-logis ira pareillement au-devant pour les conduire à la queue du camp, aux places qui auront été marquées; obfervant de s'informer des chemins par lefquels les troupes & les équipages devront venir au camp, afin qu'ils y arrivent fans embarras.

DE L'ETABLISSEMENT dans le Camp.

X L I.

Arrivée au camp. LE régiment étant arrivé à la tête de fon camp, s'y mettra en bataille, le fufil haut, faifant face en dehors.

X L I I.

UN Officier-major fera aux Dragons les défenfes ordonnées.

X L I I I.

Piquet. LE piquet fe tiendra trente pas en avant du régiment, jufqu'à ce que le régiment étant campé & la garde du camp établie, le Commandant des Dragons lui ordonne d'entrer dans le camp.

X L I V.

LE Lieutenant ou le Maréchal-des-logis de chacune des compagnies auxquelles les guidons font attachés, & à leur défaut un Brigadier fe portera en avant du régiment, fuivi du Dragon portant le guidon avec une

efcorte

escorte de deux Dragons ayant le fusil haut pour le conduire à l'avant-garde du piquet, qui se sera formée entre le régiment & le piquet, & l'y ayant remis il retournera à sa troupe.

X L V.

LE Major fera sortir des rangs les Carabiniers chargés des manteaux d'armes de leurs compagnies, avec le Brigadier commandé pour la garde du camp, lequel les fera entrer dans le camp, mettre pied à terre, attacher leurs chevaux à leurs piquets, prendre leurs fusils, & venir planter les piquets des faisceaux dans la place ci-dessus prescrite, ayant attention qu'ils soient bien alignés, & que chaque Carabinier attende les Dragons de leur compagnie pour y recevoir leur fusil.

Faisceaux.

X L V I.

LORSQUE le Commandant des Dragons aura donné l'ordre au Major général de faire entrer les régimens dans son camp, chaque Officier-major, après avoir fait mettre les fusils à la grenadière, fera mettre pied à terre à son régiment par les commandemens prescrits; il fera ensuite demi-tour à droite, & les Dragons de chaque compagnie iront en défilant remettre leurs fusils à leurs faisceaux, & entreront dans le camp.

Entrée des troupes dans le camp.

X L V I I.

LES escadrons observeront de faire ces mouvemens ensemble autant qu'il sera possible, en se réglant sur le régiment chef de brigade.

X L V I I I.

LE régiment étant entré dans son camp, le Major fera battre & monter la garde du camp.

B

XLIX.

Il fera partir les Dragons qui doivent être d'ordonnance.

L.

Il tirera du piquet les détachemens commandés, les gardes & poftes, tant à pied qu'à cheval, & avant de les tirer il en commandera d'avance le remplacement, de façon que le piquet refte toûjours au même nombre & en bataille jufqu'à ce que la garde du camp foit montée.

L I.

Affemblée de la garde du camp. Le Major affemblera la garde du camp au centre du régiment, & dès qu'elle fera affemblée, l'Officier commandant l'avant-garde du piquet marchera avec les guidons & les Dragons de leur efcorte pour les remettre à l'Officier commandant la garde du camp; après quoi il retournera avec fon avant-garde à la tête du piquet, & les Dragons de l'efcorte, après avoir mis pied à terre & dépofé leurs fufils aux faifceaux, entreront dans le camp.

L I I.

Place des guidons. L'Officier qui commandera la garde du camp, fera planter les guidons vis-à-vis le centre du régiment, à deux toifes l'un de l'autre & à une égale diftance du front de bandière aux faifceaux.

L I I I.

Il y fera pofer un fentinelle, & deux autres à la droite & à la gauche du régiment.

L I V.

Ces trois fentinelles feront faction la bayonnette au bout du fufil.

L V.

OUTRE la consigne particulière qui sera donnée à la sentinelle du centre, de ne point laisser toucher aux guidons sans permission, il leur sera consigné de plus, en général, d'avoir la même attention pour les armes des faisceaux, & d'avertir si-tôt qu'ils apercevront le Commandant du camp, ou le Commandant des Dragons, ou lorsqu'ils découvriront de loin la moindre troupe.

L V I.

QUAND l'Officier de la garde du camp aura fait poser ces trois sentinelles, & celles qu'elle fournira aux tentes du Commandant du régiment & de l'Officier-major chargé du détail, elle ira prendre le poste qui lui sera ci-après indiqué.

L V I I.

DÈS que la garde du camp aura pris son poste, le piquet entrera dans le camp, à moins qu'il n'en soit autrement ordonné. *Entrée du piquet dans le camp.*

L V I I I.

LES Mestres-de-camp & Lieutenans-colonels ne quitteront point la tête du camp, que la garde n'en soit postée.

L I X.

LES Maréchaux-des-logis feront aligner & tendre les tentes de leurs compagnies, & les Officiers ne mettront point pied à terre qu'elles ne soient tendues.

L X.

PENDANT qu'on tendra les tentes, un Officier-major assemblera promptement à la tête du camp, le nombre de Dragons nécessaire pour aller au fourrage & autres *Détachemens aux fourrages, & autres distributions.*

distributions, avec les Officiers & Maréchaux-des-logis qui devront les conduire.

L X I.

Propreté du camp. DÈS que les tentes feront tendues, les Officiers & Maréchaux-des-logis des compagnies feront nettoyer la tête du camp.

L X I I.

Feu. ILS empêcheront de faire du feu ailleurs qu'aux places marquées pour les cuisines & les forges.

L X I I I.

Communications. LES Officiers-majors feront faire diligemment les communications nécessaires, tant à leur droite qu'à leur gauche, en avant & en arrière, sans avoir aucun égard au temps & à la fatigue; & s'il se trouvoit dans le régiment un terrein inégal, ils le feront aplanir jusqu'à quarante pas en avant du front du camp.

L X I V.

LE terrein dont chaque régiment sera chargé, s'étendra depuis le front de sa première tente jusqu'à celle de la première compagnie du régiment voisin, l'intervalle de l'un à l'autre devant être censé faire partie de celui qui aura été distribué pour camper.

L X V.

Latrines. ON fera creuser les latrines vingt pas en avant de la garde du camp; on mettra un appui à la place où elles auront été marquées, & tous les huit jours on en fera de nouvelles & on comblera les anciennes, qu'on marquera avec un jalon.

L X V I.

Boucheries. DANS les régimens où il y aura des bouchers, les Majors leur indiqueront en même temps le terrein où ils devront se placer dans un assez grand éloignement, pour qu'ils ne puissent point causer d'infection dans le camp, & ils les obligeront d'enterrer les entrailles des bestiaux qu'ils tueront; ils empêcheront qu'il ne s'établisse dans leur camp des Vivandiers d'un autre régiment.

LXVII.

ON commandera pour les corvées le nombre d'hommes nécessaire, sans jamais y employer les Dragons de piquet, & lorsqu'il y aura à la garde du camp des Dragons arrêtés pour châtiment, on les obligera d'en faire les travaux. *Corvées.*

LXVIII.

DEPUIS le moment où la troupe sera entrée dans le camp jusqu'à celui où elle sera campée dans l'ordre où elle doit l'être, les Officiers-majors seront tenus de rester à cheval à la tête du camp, sans pouvoir se retirer que tout ce qui est prescrit ci-dessus n'ait été exécuté. *Attention des Majors.*

LXIX.

ILS iront ensuite visiter les abreuvoirs à portée du camp pour faire mettre en état ceux qui seront praticables, & les Majors feront rompre ceux qui seroient dangereux. *Abreuvoirs.*

LXX.

LES Majors des régimens donneront en arrivant au camp, & ensuite tous les mois, au Major général des Dragons un état de la force du régiment & du nombre des Officiers présens, auquel ils ajoûteront les noms & les grades des Officiers qui manqueront, les raisons de leur absence, & les lieux où ils seront. *État du régiment.*

LXXI.

ILS rendront compte au même Officier de ce qu'il y *Poudre & Balles.*

aura à leur régiment de poudre, de balles & de pierres à fufil, pour qu'il leur en procure la quantité néceffaire.

DE LA GARDE DU CAMP.

LXXII.

Sa compofition. LA garde du camp fera compofée de trente-deux Dragons, non compris un Brigadier & un Tambour, le tout commandé par un Lieutenant.

LXXIII.

Sa place. ELLE fera placée cent trente pas en avant des faifceaux au centre de chaque régiment, ou cent trente pas en arrière des dernières tentes des Dragons fi le régiment étoit campé en feconde ligne; on pourra auffi la placer fur les flancs du régiment, fuivant les circonftances.

LXXIV.

Temps de la monter. CETTE garde fe montera tous les matins lorfqu'on battra l'affemblée, excepté les jours de marche.

LXXV.

LES Dragons de cette garde arrivant à leur pofte, fe rangeront en haie, & poferont leurs armes à terre chacun devant foi, quand le temps le permettra, & en cas de pluie ils les mettront fous le faifceau d'armes.

Ils n'auront point de tentes, & ne pourront quitter, non plus que l'Officier & le Brigadier, ni pour aller manger, ni fous tel autre prétexte que ce foit.

LXXVI.

Prifonniers. LES prifonniers qui feront remis à cette garde, foit pour crimes ou pour châtiment, feront confignés à l'Officier, au Brigadier & au Sentinelle qui en répondront aux peines portées par les Ordonnances, & les criminels seront liés & attachés à des piquets & gardés à vûe.

LXXVII.

Les sentinelles de cette garde y feront toûjours faction l'arme au bras & la bayonnette au bout. *Sentinelles.*

LXXVIII.

Cette garde fournira quatre Dragons pour la garde de nuit du Meſtre-de-camp qui aura un ſentinelle pendant le jour.

LXXIX.

En l'abſence du Meſtre-de-camp, le Lieutenant-colonel aura jour & nuit à ſa tente un ſentinelle tiré de cette même garde.

LXXX.

Le Commandant du régiment, par accident, en aura un la nuit ſeulement.

LXXXI.

Le Major, ou l'Officier chargé du détail du régiment, aura un ſentinelle jour & nuit.

LXXXII.

L'Officier de la garde du camp fera partager les factions des ſentinelles, tant de jour que de nuit, de manière qu'elles ſoient également réparties à toute la garde.

LXXXIII.

Dès que ces gardes apercevront une troupe armée, elle prendront les armes & ſe mettront en haie, faiſant face au dehors du camp, juſqu'à ce que cette troupe ſoit paſſée & éloignée de leur poſte. *Paſſage des troupes.*

Si cette troupe marche tambour battant ou trompette ſonnante, le Tambour de la garde battra aux champs.

LXXXIV.

Brigadiers à l'ordre. Le Lieutenant de la garde du camp enverra le Brigadier de sa garde tous les soirs à l'ordre.

LXXXV.

Diane. Le Tambour de la garde du camp battra la diane au point du jour.

LXXXVI.

Disperser les guidons. Quand on voudra disperser les guidons à la tête des régimens, le Brigadier de la garde du camp, escorté de deux Dragons la bayonnette au bout du fusil, ira prendre chaque guidon l'un après l'autre, & le fera porter par un troisième Dragon & planter à la tête de chaque escadron, en commençant par celui de la droite; observant de mettre un sentinelle à chaque guidon, la bayonnette au bout du fusil.

LXXXVII.

Jours de marche. Les jours de marche, l'ancienne garde du camp marchera immédiatement après le piquet.

LXXXVIII.

S'il y a des prisonniers, l'Officier les fera mettre au centre.

LXXXIX.

Les criminels seront gardés par des Dragons qui marcheront à côté d'eux ayant le sabre à la main, & ayant attaché à l'arçon de devant de la selle de leurs chevaux, le bout de la corde avec laquelle ils seront liés, le Brigadier marchera derrière eux armé de même.

XC.

Cette garde sera relevée à l'arrivée de la troupe au nouveau camp, & la nouvelle garde ne sera pas moins relevée

relevée le lendemain à l'heure accoûtumée, fi la troupe ne doit pas marcher.

XCI.

LORSQU'ON battra le fecond on renverra fucceffivement une moitié des Dragons de cette garde pour aller feller & charger leurs chevaux, & lorfqu'on battra à cheval l'Officier qui commandera l'avant-garde du piquet, fera prendre les guidons, & les diftribuera chacun à leur compagnie quand le régiment fera en bataille.

XCII.

LES guidons ayant été ainfi remis, les Dragons de cette garde rentreront chacun dans leur compagnie, pourvû qu'il n'y ait pas de prifonniers, parce qu'en ce cas ils devront les conduire comme il a été dit ci-deffus.

XCIII.

LA garde du camp fe retirera pendant la nuit au centre du régiment en avant des guidons, menant avec elle les prifonniers qui lui auront été confignés. *Pofte de nuit.*

XCIV.

SI le Commandant du camp, le Commandant des Dragons, le Meftre-de-camp ou le Lieutenant-colonel de piquet du corps des Dragons ou le Major général des Dragons, viennent à paffer le long de la ligne pendant la nuit, le fentinelle en faction à la droite ou à la gauche du régiment, après qu'on lui aura répondu au *qui vive*, criera *halte-là*, & avertira l'Officier commandant la garde du camp & des guidons, lequel fera prendre les armes à fa garde & détachera le Brigadier de ladite garde, ayant la bayonnette au bout du fufil, efcorté de deux Dragons, le fufil préfenté; alors il dira, *avance qui a l'ordre*, & ayant reçû le mot de l'Officier qui fait la vifite il retournera *Vifites de nuit.*

en rendre compte à l'Officier de garde; cependant les deux Dragons demeureront les armes préfentées vis-à-vis l'Officier fupérieur, qui s'arrêtera jufqu'à ce que l'Officier de garde ait ordonné de le laiffer avancer, & ledit Officier, efcorté de quatre Dragons préfentant leurs armes, marchera au-devant de l'Officier fupérieur auquel il rendra le mot.

X C V.

Si le Capitaine de piquet fe trouvoit à la tête du camp lors de cette vifite, ce feroit lui qui enverroit reconnoître l'Officier fupérieur & qui lui rendroit le mot.

DU PIQUET.

X C V I.

Sa compofition. LE piquet de chaque régiment confiftera en une troupe de quarante-huit Dragons, y compris deux Brigadiers, & non compris un Tambour & un Maréchal, & fera commandé par un Capitaine, un Lieutenant & un Maréchal-des-logis, cette troupe fera compofée, comme les chambrées, d'anciens & de nouveaux Dragons.

X C V I I.

Sa durée. LE piquet fera relevé tous les jours aux gardes montantes.

X C V I I I.

Infpection du piquet. IL s'affemblera à la tête de fon régiment, où le Major, ainfi que le nouveau Capitaine, feront l'infpection des hommes, des armes & des chevaux.

X C I X.

Piquet à la tête du camp. CETTE infpection étant faite, les piquets monteront à cheval & refteront en bataille, chacun à la tête du camp de son régiment, jusqu'à ce que les gardes ordinaires & postes soient partis du rendez-vous, où on les assemblera pour aller relever les anciennes gardes, & alors on fera rentrer les piquets dans le camp.

C.

LES jours de fourrage, le piquet restera à cheval à la tête du camp de son régiment, d'où il enverra des vedettes à la queue & au flanc du camp, afin d'empêcher les Dragons & Valets d'en sortir que leur rendez-vous ne soit donné, & que les fourrageurs n'ayent reçû l'ordre de partir avec les escortes commandées, & le piquet ne rentrera dans le camp que lorsque tous les fourrageurs y seront revenus.

Jours de fourrage.

C I.

LES Dragons de chaque piquet fourniront les sentinelles qu'il sera ordonné de placer pendant la nuit à chaque intervalle des rues des chevaux & sur les flancs du camp, & si le piquet devoit marcher, ils seront relevés sur le champ par les Dragons du nouveau piquet.

Sentinelles.

C I I.

LES Officiers, Maréchaux-des-logis & Dragons de piquet ne quitteront point le camp de leur régiment, afin d'être toûjours prêts à marcher quand on en aura besoin, ils resteront en bottines jour & nuit, ils ne se deshabilleront point, leurs chevaux seront toûjours sellés, & ils auront la bride à portée d'eux.

Demeure des Officiers dans le camp.

C I I I.

LES Officiers & le Maréchal-des-logis de chaque piquet s'arrangeront ensemble, de façon qu'un d'eux soit continuellement jour & nuit à la tête du camp, ils auront leurs chevaux prêts pour faire monter le piquet à cheval en cas

Un Officier de piquet à la garde des guidons.

C ij

de befoin; & ils vifiteront de temps en temps le piquet ; tant de jour que de nuit, pour voir s'il fera en état.

C I V.

Jours de marche. LES jours de décampement le piquet montera à cheval à la générale, & mettra des vedettes à la queue & aux flancs du camp, pour que perfonne ni aucuns équipages n'en fortent, jufqu'à ce que l'ordre du départ étant donné, il retirera les vedettes & prendra la tête du régiment.

C V.

Officiers fupérieurs de piquet. IL fera nommé chaque jour, à l'ordre, des Officiers fupérieurs de piquet du corps des Dragons, fuivant le nombre & le grade de ceux qui fe trouveront au camp.

C V I.

LES Officiers fupérieurs entrans de piquet, refteront à cheval à la tête des piquets, pendant tout le temps qu'ils feront à la tête du camp.

C V I I.

Vifite du Major général des Dragons. PENDANT que les piquets feront à la tête du camp, le Major général des Dragons les vifitera, & s'il trouve qu'il y manque quelque Officier ou Dragon, ou qu'il y en ait quelqu'un de négligé, il en rendra compte au Commandant des Dragons.

C V I I I.

LES Officiers fupérieurs du corps des Dragons fortans de piquet, fe trouveront aux gardes montantes, ainfi que le Meftre-de-camp entrant de piquet ; & ils iront enfuite rendre compte au Commandant des Dragons ou recevoir fes ordres.

C I X.

CES Officiers fupérieurs de piquet feront relevés tous les jours après que les gardes feront montées.

C X.

LES piquets sortiront à la tête du camp, pendant le jour, quand ils seront demandés par le Commandant du camp, celui des Dragons, le Mestre-de-camp & le Lieutenant-colonel de piquet de leur corps & par le Major général des Dragons.

Piquets demandés.

C X I.

QUAND on appellera le piquet à la tête du camp pendant le jour, les Dragons sortiront en bottines avec leurs gibernes & leurs sabres, mais sans fusil, ils se mettront en haye sur le même alignement entre les faisceaux d'armes.

C X I I.

LES Officiers se trouveront à pied dispersés en avant des Dragons de piquet, de manière qu'il y en ait à chaque escadron.

C X I I I.

L'OFFICIER de piquet restera au feu de la garde du camp pendant la nuit, rendra compte à ceux qui ont autorité sur le piquet, & s'ils veulent le visiter, il les mènera dans les rues des compagnies.

Visite du piquet pendant la nuit.

C X I V.

SI les piquets sont la nuit hors du camp lorsque les Officiers qui ont droit de les visiter arriveront à la ligne, la vedette criera d'environ quinze pas, *qui vive;* il sera répondu *France*, & elle demandera quel régiment, quand l'Officier aura indiqué son grade, la vedette l'arrêtera en criant *halte là*, alors un Brigadier & deux Dragons de piquet s'avanceront jusqu'à la vedette, le Brigadier le sabre à la main, & les Dragons le fusil haut, le Brigadier criera *avance qui a l'ordre*, afin de recevoir le mot de l'Officier supérieur; ayant reçû le mot & reconnu celui qui le lui aura donné, il retournera au grand trot en rendre compte au Capitaine de piquet dont la troupe fera à cheval le fufil haut; le Capitaine s'avancera enfuite à fix pas de la vedette, efcorté de deux Dragons le fufil haut, & dira *avance à l'ordre*, l'Officier fupérieur s'avancera & recevra le mot du Capitaine, qui lui fera voir enfuite fon piquet dont les Officiers feront chacun à leur place.

C X V.

LES Officiers fupérieurs de Dragons, étant de piquet, feront une ronde pendant la nuit : ils vifiteront les piquets des Dragons pendant la nuit quand ils feront hors du camp, pour s'affurer que les Officiers font préfens, & les Dragons en état.

C X V I.

Officier-major de piquet.

ON commandera auffi un Officier-major de piquet, dont les fonctions feront de faire une ronde pendant la nuit, à l'heure qui lui paroîtra la plus convenable, efcorté d'un Brigadier & de deux Dragons de piquet ayant leur fufil; de vifiter les gardes du camp, pour voir fi les Officiers & Dragons font leur devoir; de faire une fois le jour la vifite des piquets, pour voir s'il y aura un Officier de piquet de chaque régiment à la tête du camp, & fi les fentinelles feront alertes.

C X V I I.

D'EXAMINER fi le feu des cuifines fera éteint, fi l'on ne donnera point à boire chez les vivandiers, & s'il ne fe paffera aucun defordre.

C X V I I I.

IL rendra compte chaque jour aux Officiers fupérieurs de piquet de fon corps, de ce qui fe fera paffé à fa ronde;

& il informera le Major général de ce qu'il aura remarqué de défectueux pour qu'il en instruise le Commandant des Dragons.

C X I X.

Dès que la retraite aura été battue, les Officiers de piquet feront replier les guidons par un Brigadier de leur piquet. *Replier les guidons.*

C X X.

Ils auront soin que le Maréchal-des-logis de piquet assiste à la visite que les Maréchaux-des-logis de chaque compagnie devront faire des faisceaux d'armes desdites compagnies, & qu'il les fasse consigner de nouveau aux sentinelles, par le Brigadier de la garde du camp, laquelle sera toûjours subordonnée au Capitaine de piquet. *Visite des Faisceaux.*

C X X I.

Ils auront pareillement soin qu'une heure après la retraite battue, le Maréchal-des-logis de piquet, fasse rentrer les Dragons dans leurs tentes, qu'il fasse sortir ceux qui seroient chez les vivandiers, arrêter les filles de mauvaise vie & autres gens suspects, pour être conduits au Prevôt, & mettre à la garde du camp les Dragons qui se seroient trouvés avec eux, & qu'il fasse éteindre les feux qui seroient allumés. *Visite du camp.*

C X X I I.

Un des Brigadiers de piquet fera la même visite à minuit, & une autre pareille une heure avant le jour.

C X X I I I.

Les Officiers de chaque piquet veilleront aussi à ce qu'il ne reste point d'immondices à la tête & à la queue de leur camp; pour cet effet ils feront enterrer ces immondices par des Dragons de leur piquet; ils leur feront aussi transporter au loin les chevaux morts, ayant soin qu'ils les enterrent à quatre pieds de profondeur au moins.

DES BRIGADES.

CXXIV.

Les régimens seront mis en brigade à leur arrivée au camp.

CXXV.

Arrangement des régimens & escadrons. Le régiment chef de brigade en prendra la droite, soit pour se mettre en bataille, pour marcher ou pour camper, & le second se placera à sa gauche ; le régiment de la droite se formera par sa droite, & celui de la gauche par sa gauche, soit qu'ils campent en ligne ou en potence pour couvrir une droite ou une gauche d'Infanterie.

CXXVI.

Les escadrons du même régiment observeront entre eux le même ordre que doivent tenir les régimens dans la formation de la brigade.

CXXVII.

Major général. Le Major de Dragons le plus ancien en commission de Capitaine, fera les fonctions de Major général de ce corps.

CXXVIII.

S'il n'y avoit dans la brigade aucun Major en état de faire le service, il y seroit suppléé par l'Aide-major le plus ancien en commission de Capitaine.

DE L'ORDRE

CXXIX.

Le Major général des Dragons prendra l'ordre du Commandant du camp.

CXXX.

CXXX.

IL portera l'ordre & le mot au Commandant des Dragons, & recevra ses ordres sur ce qui regarde le détail & la police de son corps. *Ordre porté au Commandant des Dragons.*

CXXXI.

LES Majors, & à leur défaut, les Aide-majors des régimens iront à l'ordre chez le Major général des Dragons, qui le leur dictera, avec le détail concernant le service de leur régiment, & ce que le Commandant des Dragons aura jugé à propos d'y ajoûter. *Distribué aux Majors des régimens.*

CXXXII.

LES Majors des régimens ayant pris l'ordre du Major général, iront porter le mot à leur Mestre-de-camp lorsqu'il sera au camp, lui feront la lecture de l'ordre, & recevront ceux qu'il aura à donner, après quoi ils iront donner l'ordre à leur régiment. *Porté au Mestre-de-camp.*

CXXXIII.

EN l'absence du Mestre-de-camp le Major donnera le mot au Lieutenant-colonel, à qui il sera porté par l'Aide-major quand le Mestre-de-camp sera présent; & lorsque le Mestre-de-camp & le Lieutenant-colonel ne seront point au régiment, le Major portera l'ordre également à l'Officier qui le commandera à leur défaut. *Au Lieutenant-colonel.*

CXXXIV.

AUCUN Officier-major n'enverra l'ordre d'un régiment à l'autre, autrement que par écrit, & par un Officier ou un Maréchal-des-logis. *Envoi de l'ordre.*

CXXXV.

LORSQUE le Major d'un régiment voudra donner l'ordre, le Tambour de piquet fera trois roulemens pour y appeler, sans jamais crier *à l'ordre*. *Cercle.*

D

C X X X V I.

ALORS les Aide-majors, les Maréchaux-des-logis, en leur abfence les Brigadiers, & en outre un Brigadier, ou en fon abfence un Carabinier de chaque compagnie du régiment, s'affembleront au centre du régiment, vingt pas en avant des faifceaux.

C X X X V I I.

LES Maréchaux-des-logis, fans armes, formeront le cercle en fe rangeant fuivant l'ancienneté de leur compagnie.

C X X X V I I I.*

LES Brigadiers ou Carabiniers en feront un fecond derrière les Maréchaux-des-logis, tenant le fufil préfenté en dehors, la bayonnette au bout, en empêchant que perfonne n'approche.

C X X X I X.

LE Tambour-major fe mettra entre les Maréchaux-des-logis & les Brigadiers.

C X L.

LE Major, & en fon abfence l'Aide-major, expliquera l'ordre aux Maréchaux-des-logis, & ce qu'ils auront à exécuter.

C X L I.

IL nommera les Officiers commandés pour monter les gardes, tant à pied qu'à cheval; il commandera toûjours les gardes à pied les premières, enfuite les détachemens & le piquet qui fera toûjours commandé le dernier.

C X L I I.

IL ôtera enfuite fon chapeau, ainfi que les Officiers & Maréchaux-des-logis, & donnera le mot aux Officiers, & puis au premier Maréchal-des-logis du cercle, qui s'avancera pour le recevoir, & étant retourné à sa place le donnera au second, celui-ci au troisième, & ainsi de suite.

C X L I I I.

LES Maréchaux-des-logis resteront chapeau bas jusqu'à ce que le dernier Maréchal-des-logis ait rendu le mot au Major.

C X L I V.

IL sera permis d'entrer dans le cercle au Mestre-de-camp, au Lieutenant-colonel ou autre Officier commandant le régiment & aux Officiers-majors.

C X L V.

LE Maréchal-des-logis, le Brigadier de piquet & le Brigadier de la garde du camp se trouveront aussi au cercle pour prendre l'ordre & le mot, & le porter à l'Officier de ladite garde & aux Officiers de piquet.

C X L V I.

LE Major général des Dragons donnera l'ordre cacheté à un Dragon de chaque garde ordinaire & poste de ce corps, que le Commandant de ladite garde ou poste aura eu soin à son arrivée de renvoyer au camp du régiment, pour lui apporter les ordres qu'on aura à lui donner. *Ordre cacheté.*

C X L V I I.

CHAQUE Maréchal-des-logis portera l'ordre aux Officiers de sa compagnie; & lorsqu'il fera cette fonction, il aura le chapeau bas, ainsi que l'Officier, dans l'instant où le Maréchal-des-logis lui donnera le mot à l'oreille. *Ordre rendu aux Officiers des compagnies.*

C X L V I I I.

LE Maréchal-des-logis ira ensuite dans chaque tente de la compagnie expliquer aux Dragons les défenses &

ce qui aura été ordonné, & avertir ceux qui devront être de service.

DE LA RETRAITE
& autres règles du Camp.

CXLIX.

LES Tambours des régimens de Dragons battront la retraite, quand ceux de l'Infanterie qu'ils couvriront, auront commencé à la battre.

CL.

LES Tambours, tant pour la retraite que pour tout ce qu'ils auront à battre, iront & reviendront le long du front du régiment, en commençant par sa droite, ou par sa gauche si le régiment étoit campé à colonne renversée.

CLI.

Manteaux d'armes sur les faisceaux.

IMMÉDIATEMENT après la retraite, le Maréchal-des-logis, ou un Brigadier de chaque compagnie, fera mettre les manteaux d'armes sur les faisceaux, s'ils en ont été ôtés pendant le jour.

CLII.

IL en visitera en même temps les armes en présence du Brigadier de la garde du camp; & s'il en manque, après avoir vérifié à qui elles appartiendront, il fera arrêter les Dragons qui les auront prises & les sentinelles à qui elles étoient consignées.

CLIII.

Replier les guidons.

LE Brigadier de la garde du camp, escorté de deux Dragons armés avec leur fusil la bayonnette au bout, ira prendre les guidons, s'ils ont été dispersés pendant le jour à la tête de chaque escadron, & il les rassemblera au centre du régiment où la garde du camp se retirera après la retraite battue.

C L I V.

ON éteindra les feux des cuisines après la retraite, les Vivandiers cesseront de donner à boire, & les Dragons seront rentrés dans leur tente une heure après au plus tard. *Éteindre les feux.*

C L V.

LES Maréchaux-des-logis, & en leur absence les Brigadiers feront régulièrement des appels des Dragons de leur compagnie, une heure après la retraite & au point du jour, & plus souvent s'il est nécessaire. *Appels.*

C L V I.

ILS feront ensuite leurs billets d'appels, sur lesquels ils marqueront s'il manque quelqu'un ou non, & le nombre des Dragons qui seront morts au camp ou qui auront été envoyés à l'hôpital d'un appel à l'autre; ils dateront & signeront ces billets, & ils les porteront au Maréchal-des-logis de piquet, qui sera chargé de ramasser ceux du régiment & de les remettre au Major dudit régiment, & ils en rendront compte au Commandant & à leurs Capitaines.

C L V I I.

LES appels se feront tente par tente en appelant les Dragons par leurs noms, & les obligeant de répondre chacun pour soi.

C L V I I I.

LES Maréchaux-des-logis ou Brigadiers qui y manqueront par négligence, ou qui ne marqueront pas sur leurs billets les Dragons qui ne se feront pas trouvés à leur appel, seront punis sévèrement.

CLIX.

Les Lieutenans des compagnies en feront l'appel après la retraite, indépendamment de celui des Maréchaux-des-logis, & ils marqueront les Dragons qui auront manqué, sur des billets qu'ils signeront & qu'ils remettront au Commandant du régiment; ils en informeront ensuite le Capitaine.

CLX.

Les Majors des régimens formeront sur les billets d'appel des Maréchaux-des-logis ou Brigadiers, des billets datés & signés d'eux, qu'ils enverront tous les matins au Major général.

CLXI.

Ils marqueront sur ces billets les noms des Dragons qui auront manqué à l'appel avec ceux de leur compagnie & l'heure à laquelle on se sera aperçu de leur absence.

Quand il n'auroit manqué personne, ils n'en feront pas moins mention sur leurs billets.

Ils y marqueront aussi le nombre des Dragons entrés à l'hôpital ou morts au camp.

CLXII.

Le Major général des Dragons formera du tout un état général qu'il remettra au Commandant du camp & à celui des Dragons à l'heure de l'ordre.

CLXIII.

Visite d.s Lieutenans. Les Lieutenans des compagnies feront tous les matins la visite des tentes, afin de voir si les Dragons sont propres, si leur équipage & leurs armes sont en bon état & s'ils feront ordinaire.

CLXIV.

Ils verront leurs compagnies lorsqu'on pansera les

chevaux, lorsqu'on leur donnera l'avoine & quand on les mènera à l'abreuvoir, & ils auront attention qu'en les y menant il y ait à la tête un Maréchal-des-logis ou un Brigadier & un Carabinier.

C L X V.

LES Lieutenans des compagnies feront auffi tous les jours la vifite des armes, ils y ordonneront les réparations néceffaires & tiendront la main à ce qu'elles foient faites.

Ils veilleront de même, ainfi que le Major du régiment lorfque la diftribution de la poudre, des balles & des pierres à fufil aura été faite, à ce que les Dragons ayent toûjours leur giberne garnie, & qu'ils ayent chacun deux pierres de rechange, avec les autres petits uftenfiles néceffaires pour l'entretien & la propreté des armes, & à mefure que ces munitions feront confommées, les Majors des régimens en informeront le Major général des Dragons, afin qu'il les faffe remplacer, & ils rendront compte de tout au Commandant dudit régiment.

C L X V I.

LORSQUE l'on fera tirer les Dragons dans les exercices, ils n'y employeront point les munitions qui feront dans leurs cartouches, mais feulement la poudre qui leur fera donnée à cet effet.

Munitions.

C L X V I I.

LES Maréchaux-des-logis auront attention à retirer la poudre & les balles des Dragons de leur compagnie qui feront envoyés aux hôpitaux, & de les donner à ceux qui en manqueront.

DE L'ORDRE A OBSERVER
pour commander les gardes & détachemens.

CLXVIII.

Détachemens par régiment.

LES détachemens pour toute sorte de service, seront commandés par régiment, chacun devant fournir à son tour, en commençant par le premier à proportion du nombre d'escadrons dont ils sont composés.

CLXIX.

Contrôle du Major général des Dragons.

LE Major général des Dragons tiendra un contrôle des régimens suivant leur rang, sur lequel seront marqués tous les détachemens commandés.

Il tiendra pareillement des contrôles des Mestres-de-camp & des Lieutenans-colonels.

CLXX.

LES Mestres-de-camp & Lieutenans-colonels, soit en pied, réformés ou par commission, seront commandés par rang d'ancienneté.

CLXXI.

LES Mestres-de-camp & Lieutenans-colonels par commission, qui auront d'autres emplois dans les régimens de Dragons, y feront un double service, mais ils feront toûjours celui de leurs emplois par préference à celui de Mestre-de-camp & de Lieutenant-colonel, à l'exception des Majors qui, lorsqu'ils auront la commission de Mestre-de-camp ou de Lieutenant-colonel, ne feront de service en cette qualité qu'une fois en entrant & en sortant de campagne.

CLXXII.

Contrôle des Majors des régimens.

CHAQUE Major de régiment tiendra un contrôle dudit

dudit régiment, compagnie par compagnie, fur lequel il marquera le nombre d'Officiers, de Maréchaux-des-logis, de Brigadiers & de Dragons qui feront commandés.

CLXXIII.
CES contrôles commenceront du jour de l'arrivée au camp & feront continués jufqu'à celui de fa féparation.

CLXXIV.
ON fuivra exactement le rang des Capitaines, & on fera marcher les Lieutenans fuivant celui des compagnies auxquelles ils font attachés, ce qui n'empêchera pas que ceux du même régiment ne commandent entr'eux fuivant leur ancienneté.

CLXXV.
LES Maréchaux-des-logis, Brigadiers & Dragons feront pareillement commandés par rang des compagnies.

CLXXVI.
IL n'y aura qu'un tour de garde pour tout fervice qui fe fera à pied ou à cheval avec des Dragons armés, & toutes les gardes & détachemens qui feront commandés après les gardes montées, feront tirés du piquet & remplacés fur le champ. *Un feul tour de garde.*

CLXXVII.
SI l'on fait marcher le piquet il fera remplacé auffi-tôt qu'il aura paffé les gardes ordinaires, & dès-lors fon fervice fera cenfé fait. *Service cenfé fait.*

CLXXVIII.
TOUTE garde & détachement qui aura paffé les gardes ordinaires fera auffi cenfé avoir fait fon fervice.

CLXXIX.
TOUT détachement dont les Dragons ne feront point *Corvée.*

E

armés sera réputé corvée, & comme tel commandé par la queue.

CLXXX.

LA petite escorte des fourrageurs quoiqu'armée sera néanmoins réputée corvée.

CLXXXI.

Tour passé. TOUT Officier qui ne se trouvera pas au camp quand il sera commandé pour un service armé, ou qui ne pourra faire ce service pour quelque cause que ce soit, sera remplacé par celui qui le suivra, & son tour sera passé.

CLXXXII.

A l'égard des corvées le tour n'en passera jamais, & l'Officier qui auroit été malade, absent, ou de service ailleurs, devroit toûjours le reprendre après sa guérison ou son retour au camp.

CLXXXIII.

Commandant par accident. LE commandant d'un régiment par accident sera commandé à son tour pour tout service armé.

CLXXXIV.

Officiers majors. LE Major général des Dragons ne marchera qu'avec son corps entier.

CLXXXV.

LE Major d'un régiment marchera avec son Mestre-de-camp, à moins qu'il ne soit Major général, auquel cas un Aide-major accompagnera le Mestre-de-camp à la place du Major.

CLXXXVI.

L'AIDE-MAJOR marchera avec le Lieutenant-colonel en pied de son régiment, à moins que le Major du régiment ne fût Major général, auquel cas il sera commandé un Lieutenant pour marcher avec le Lieutenant-colonel.

CLXXXVII.

Lorsqu'un Meſtre-de-camp ou un Lieutenant-colonel réformé ou par commiſſion, ſera détaché dans ce grade, il ſera commandé un Lieutenant du corps auquel il ſera attaché pour marcher avec lui.

CLXXXVIII.

Toute troupe commandée pour une garde ou pour un détachement, ſera compoſée ; *Compoſition des gardes & détachemens.*

SAVOIR,

Celle de Capitaine, d'un Lieutenant, d'un Maréchal-des-logis & de cinquante Dragons, compris deux Brigadiers, deux Carabiniers, un Tambour & un Maréchal.

Celle de Lieutenant, d'un Maréchal-des-logis & trente-ſix Dragons, compris deux Brigadiers, un Carabinier & un Tambour.

Et celle d'un Maréchal-des-logis, de douze Dragons, compris un Brigadier.

CLXXXIX.

Le Commandant du camp pourra cependant, dans certains cas, faire doubler, s'il le juge à propos, les Lieutenans dans une même troupe commandée par un Capitaine.

CXC.

Chaque troupe ſera compoſée d'Officiers & de Dragons tirés du même régiment.

DE LA GARDE ORDINAIRE.

CXCI.

Le Commandant du camp ordonnera l'heure à laquelle les Tambours des Dragons devront battre l'aſſemblée *Leur aſſemblée.*

E ij

tous les matins, soit que les gardes s'assemblent ou non.

CXCII.

UNE demi-heure avant qu'on batte l'assemblée, les Majors des régimens assembleront à la tête de leur camp toutes les gardes & détachemens que ces régimens devront fournir: ils en feront l'inspection, observant de s'assurer que les Dragons soient pourvûs du pain, de l'avoine, & des munitions de guerre & outils qu'ils devront avoir, selon le service auquel ils seront destinés.

CXCIII.

APRÈS que les Majors auront visité les Dragons & les chevaux des gardes & détachemens de leur régiment, ils les conduiront ou feront conduire par un Officier-major à la tête du régiment chef de brigade, assez à temps pour que le Major général puisse en faire l'inspection avant que l'on batte l'assemblée.

CXCIV.

LES Officiers commandés joindront à la tête de leurs régimens les détachemens avec lesquels ils devront marcher; ils assisteront à la visite que le Major en fera, & compteront les hommes pour être sûrs qu'il y ait le nombre ordonné.

CXCV.

LE Major général fera l'inspection desdites gardes & détachemens en présence des Officiers-majors de chaque régiment; il les conduira ensuite au rendez-vous général des gardes des Dragons au moment que l'on battra l'assemblée, & les y remettra en bataille selon le rang des régimens dont elles seront tirées.

CXCVI.

Départ des gardes.   IL fera défiler les gardes quand il en aura reçû l'ordre du Commandant du camp ou de celui des Dragons, & en leur abſence d'un Officier ſupérieur de piquet de ſon corps ; & pour cet effet il ſe mettra à la droite des gardes ; & lorſqu'il aura dit à l'Officier commandant la troupe, qu'il peut marcher, celui-ci en donnera l'ordre à ſa troupe, en diſant, *prenez garde à vous, marche.*

CXCVII.

LE Dragon de chaque garde ordinaire qui aura été envoyé au camp, ſe trouvera à l'aſſemblée des nouvelles gardes, pour conduire à ſon poſte celle qui devra la relever ; ce Dragon ſe mettra en face de la garde qu'il aura à conduire à la diſtance qui lui ſera preſcrite, & prendra la tête de cette garde quand elle défilera.

CXCVIII.

LES gardes des Dragons ſalueront, en défilant, le Com- mandant du camp & celui des Dragons ; mais s'ils ſe trou- vent enſemble, elles ne ſalueront que l'Officier ſupérieur.

Salut en défilant.

CXCIX.

LES gardes défileront le fuſil haut & Tambour bat- tant, les Officiers qui les commanderont pourront faire remettre les fuſils, quand elles ſeront hors de l'aligne- ment des gardes du camp, mais ils devront les faire remettre de nouveau lorſque les gardes arriveront à la vûe d'une vieille garde.

CC.

SI une garde rencontre, chemin faiſant, une troupe armée ou un Officier général à qui les honneurs ſoient dûs, le Commandant de cette garde fera battre ſans s'arrêter.

CCI.

LES Officiers détachés avec les gardes ordinaires ob- ſerveront, au ſortir du camp, d'avoir une avant-garde

Avant-garde.

E iij

commandée par un Officier, lequel fera porter le fufil haut, & marchera à une diftance convenable de la troupe dont il aura été détaché.

C C I I.

Arrivée au pofte. QUAND la nouvelle garde arrivera à fon pofte, fon avant-garde rentrera dans les rangs, & la troupe aura le fufil haut ainfi que l'ancienne garde qu'elle devra relever dont elle prendra la gauche.

C C I I I.

Donner la configne. LE Capitaine qui defcend la garde, donnera la configne à celui qui le relève.

C C I V.

Relever le petit corps-de-garde. CELUI-CI fera fortir de fa garde un Officier l'épée à la main, & douze Dragons le fufil haut, pour aller relever le petit corps-de-garde avancé.

C C V.

Relever les vedettes. LES Brigadiers des deux gardes iront enfemble relever les vedettes.

C C V I.

Reconnoître le pofte. PENDANT qu'on relevera les vedettes, les deux Capitaines vifiteront enfemble les flancs & les avenues du pofte, & celui qui relève prendra de l'autre les éclairciffemens néceffaires fur tout ce qui peut contribuer à fa fûreté.

C C V I I.

LES deux Lieutenans iront enfuite reconnoître le pofte de nuit, ainfi que les chemins & les endroits où les patrouilles devront fe porter pendant la nuit, & celui de la nouvelle garde en rendra compte au Capitaine.

CCVIII.

Tous les postes étant relevés, la vieille garde retournera au camp, son petit corps-de-garde composé d'une division faisant l'arrière-garde ; elle y arrivera le fusil haut & Tambour battant, se mettra en bataille à la tête du centre de sa brigade ou de son régiment, & ayant remis les fusils fera face au camp par un demi-tour à droite par troupe, après quoi le Commandant de la garde fera décharger les armes, renverra les Dragons & ira rendre compte de son retour au Commandant des Dragons & à celui du régiment.

Retour de l'ancienne garde.

DU SERVICE DES GARDES ORDINAIRES *dans leur poste.*

CCIX.

Après le départ de l'ancienne garde, le Commandant de la nouvelle s'emparera du poste.

Etablissement dans le poste.

CCX.

Il ne pourra en sortir ni rien changer à la consigne; mais seulement augmenter de précautions & en rendre compte aux Officiers supérieurs quand ils le visiteront.

CCXI.

Le Commandant restera à cheval avec sa garde & fera doubler les vedettes lorsque la sûreté de sa troupe l'exigera.

CCXII.

Le reste du temps il fera mettre pied à terre à un rang alternativement, pour débrider les chevaux & les faire manger, ayant attention que le rang qui sera à cheval foit toûjours quinze pas en avant de celui qui fera débridé, & il reftera toûjours un Officier au moins à cheval avec le rang qui y fera.

C C X I I I.

S'IL y a des bois ou des haies à portée du pofte, il les fera fouiller par un Brigadier & quelques Dragons, avant de faire mettre pied à terre; & quand même le pays feroit uni & découvert autour de lui, il ne laiffera pas d'envoyer à une certaine diftance pour examiner s'il n'y auroit point de ravins ou chemins creux.

C C X I V.

Affiduité au pofte. LE Commandant de la garde ne permettra à aucun Officier ni Dragon de s'écarter en aucun temps, fous quelque prétexte que ce puiffe être.

C C X V.

Communication avec les gardes voifines. IL aura foin d'avoir une communication libre avec les gardes voifines, afin que rien ne puiffe paffer entr'elles & lui fans être vû.

C C X V I.

Confignes. IL fera configné aux gardes en avant & fur les flancs du camp, de ne laiffer paffer au-delà aucuns Cavaliers, Dragons, Soldats ni Valets, d'arrêter tous ceux qui fe préfenteront, de les envoyer au Prevôt, & d'en donner avis au Major général des Dragons.

C C X V I I.

LA même configne fera donnée aux gardes fur les derrières du camp, excepté qu'elles devront laiffer paffer les Cavaliers, Dragons & Soldats qui feront porteurs de congés dans la forme prefcrite par les ordonnances, & les Valets qui auront des congés par écrit de leurs maîtres, vifés du Major du régiment.

CCXVIII.

CCXVIII.

IL fera auffi configné de reconnoître ceux qui arriveront au camp, & de faire conduire les étrangers au Major général des Dragons, fans cependant caufer aucun trouble ni empêchement aux allans & venans pour le commerce & la fubfiftance du camp, & donnant au contraire toute liberté & fûreté à ceux qui y apportent des vivres & denrées.

CCXIX.

QUAND une vedette avertira qu'elle aperçoit une troupe ou plufieurs perfonnes enfemble venant de fon côté, fi la garde n'eft pas à cheval, le Commandant l'y fera monter, le fecond rang ferrant alors fur le premier, il enverra deux Dragons au grand trot, le fufil haut, à trente pas en avant des vedettes; lorfque ceux que ces Dragons voudront reconnoître feront à portée de les entendre, ils crieront *qui vive!* leur ayant été répondu *France,* ils demanderont *quel régiment?* après la feconde réponfe un des deux Dragons ira rendre compte au Commandant de la troupe, l'autre fe retirera au pofte de la vedette, d'où il criera à la troupe venante *halte là!* & lorfque le Commandant lui aura envoyé dire de laiffer approcher ou paffer, il fe retirera à fa troupe après avoir averti ceux qu'il aura arrêtés qu'ils pourront avancer ou paffer.

Aller au qui vive.

CCXX.

LE Commandant de la garde ordinaire, après s'être établi dans fon pofte, enverra un Dragon de fa troupe au camp, pour lui apporter les ordres que le Major général des Dragons aura à lui envoyer.

Envoi à l'ordre.

CCXXI.

AU coucher du foleil, le Commandant de la garde fera monter à cheval, fera retirer fes vedettes & fon petit

Pofte de nuit.

F

corps-de-garde & se retirera au poste de nuit ; en faisant cette retraite, il fera deux haltes & marchera avec une arrière-garde, il tâchera de faire ce mouvement en même temps que les gardes qui seront à sa droite & à sa gauche.

C C X X I I.

Abreuvoirs. DANS les cas qui exigent d'être alerte, on ne doit faire boire les chevaux qu'après que la garde s'est retirée au poste de nuit, en toute autre circonstance on pourra faire boire le matin avant de quitter le poste de nuit, & dans la journée si les chaleurs obligent de faire rafraîchir les chevaux.

C C X X I I I.

QUAND on enverra à l'abreuvoir, si la garde est au poste de jour, elle montera entièrement à cheval, les Officiers à la tête, on ne détachera que six Dragons à la fois avec un Brigadier ou un Carabinier, & on attendra que les premiers soient revenus pour en envoyer d'autres.

On aura aussi attention de faire relever le petit corps-de-garde, pendant qu'il ira faire boire, conduit par l'Officier qui le commandera.

C C X X I V.

ON prendra les mêmes précautions en allant à l'abreuvoir partant du poste de nuit, si ce n'est que l'on pourra y envoyer un plus grand nombre de chevaux à la fois, pour que cette opération soit plustôt finie.

C C X X V.

LA garde ordinaire étant établie au poste de nuit, celui qui la commande, après avoir mis des vedettes autour & un petit corps-de-garde en avant, fera mettre pied à terre au reste de la troupe ou à une partie, selon les circonstances, ayant toûjours au moins un des rangs bridé, dont les Dragons tiendront leurs chevaux par la bride & feront en avant de l'autre rang dont les chevaux feront débridés.

CCXXVI.

LES vedettes feront toûjours doublées pendant la nuit, & elles feront affez près les unes des autres pour qu'il ne puiffe paffer perfonne entr'elles fans être entendu.

CCXXVII.

IL y aura du feu au pofte de nuit des gardes ordinaires autant que cela fera poffible.

CCXXVIII.

LE Commandant de la garde règlera le temps auquel les Officiers & le Maréchal-des-logis feront tour à tour la patrouille. *Patrouilles.*

CCXXIX.

CELUI qui devra faire la patrouille prendra avec lui deux Dragons, & après avoir reçû les derniers ordres du Commandant, il partira le piftolet à la main fuivi des Dragons ayant le fufil haut.

CCXXX.

ILS marcheront avec le moins de bruit qu'il fera poffible, & feront halte de temps en temps pour écouter.

CCXXXI.

LORSQU'ILS reviendront à la troupe, les vedettes les arrêteront en leur criant *halte là !* alors un Brigadier efcorté par deux Dragons viendra les reconnoître & recevoir le mot de celui qui commandera la patrouille avec celui du ralliement; après quoi on les laiffera rejoindre la garde, & l'Officier rendra compte au Commandant de ce qu'il aura vû & entendu.

F ij

CCXXXII.

POUR éviter que les patrouilles foient découvertes, on conviendra d'un fignal muet que l'on donnera aux vedettes & aux patrouilles.

CCXXXIII.

Reprendre le pofte de jour.   AU petit point du jour toute la garde montera à cheval & y reftera jufqu'à ce que la découverte ait été faite.

CCXXXIV.

LORSQU'IL fera jour, on détachera un Maréchal-des-logis avec quatre Dragons pour aller faire la découverte dans tous les endroits qui lui auront été marqués.

CCXXXV.

LA découverte étant faite, le Commandant de la garde fera retirer les vedettes & marcher pour reprendre le pofte de jour, le petit corps-de-garde faifant l'avant-garde; & s'il y a un pofte d'Infanterie dans le cas de prendre fon pofte de jour auprès du fien, il obfervera d'y marcher enfemble pour fe protéger mutuellement.

CCXXXVI.

Vifites.   SI le Commandant du camp ou celui des Dragons vifitent les gardes ordinaires pendant le jour, elles monteront à cheval, les Dragons auront le fufil haut, le Tambour battra aux champs, & les Officiers falueront.

CCXXXVII.

CES Officiers, vifitant les gardes pendant la nuit, feront reçûs comme par les piquets.

CCXXXVIII.

LE Major général des Dragons aura le droit de vifiter les gardes ordinaires, dont les Commandans exécuteront ce qu'il leur prefcrira de la part du Commandant du camp ou de celui des Dragons, les gardes monteront à cheval pour lui, fans mettre le fufil haut, & le Tambour ne battra point.

CCXXXIX.

Les gardes ordinaires monteront à cheval & battront aux champs quand il paffera une troupe à portée d'elles pendant le jour; elles n'en laifferont paffer aucune allant au camp pendant la nuit, quand même elles l'auroient parfaitement reconnue pour être de celles du camp, elles la feront refter à l'écart & ne lui donneront paffage que lorfqu'il fera grand jour, à moins d'un ordre du Commandant du camp ou du Major général des Dragons. *Paffage des troupes.*

CCXL.

Elles permettront néanmoins à l'Officier qui commandera cette troupe, s'il a des nouvelles preffées à donner au Commandant du camp, d'aller chez lui ou d'y envoyer.

CCXLI.

Si le Commandant d'une garde ordinaire apprend des nouvelles qui méritent attention, ils les écrira & les enverra par un Dragon au Major général des Dragons. *Nouvelles.*

CCXLII.

S'il fe préfente des déferteurs étrangers pour entrer au camp, on les fera conduire par un Brigadier & un Dragon chez le Commandant du camp; s'il étoit trop éloigné on les fera garder à vûe, après les avoir fait defarmer, & on les lui amènera avec leurs armes & chevaux en defcendant la garde. *Déferteurs.*

CCXLIII.

Aucune garde ordinaire n'abandonnera fon pofte fous quelque prétexte que ce puiffe être, qu'après avoir été relevée par une autre, ou par un ordre écrit du Commandant du camp ou du Major général des Dragons. *Relever les gardes.*

CCXLIV.

Un Commandant de garde ne pourra refuser de se laisser relever par une autre garde, sous prétexte qu'elle seroit moins nombreuse, ou commandée par un Officier d'un grade inférieur au sien.

CCXLV.

Les jours de marche, les anciennes gardes attendront les ordres du Commandant du camp pour rentrer dans leur régiment ou faire l'arrière-garde, & les nouvelles s'assembleront à l'ordinaire pour aller au camp.

DES VEDETTES.

CCXLVI.

Les vedettes doivent toûjours être mises à portée & en vûe de la garde qui les pose.

CCXLVII.

Quand elles ont été posées, les Officiers de la garde doivent aller successivement leur faire répéter la consigne.

CCXLVIII.

Elles doivent se tourner de temps en temps de différens côtés pour mieux découvrir ce qui se passera autour d'elles, & avertir en appelant, ou par signe, quand elles découvrent des troupes ou plusieurs personnes venant de leur côté.

CCXLIX.

Celles qui sont doublées ne doivent jamais parler ensemble que pour les cas du service; elles seront tournées de deux côtés opposés, l'une viendra avertir pendant que l'autre restera pour observer; & si une des deux déserte, l'autre tirera dessus.

C C L.

LES vedettes doivent toûjours avoir le fufil haut & armé.

C C L I.

TOUS Dragons qui doivent relever des vedettes, feront conduits par un Brigadier qui partira de la troupe le fabre à la main, & les Dragons le fufil haut.

C C L I I.

LES Dragons qui feront relevés, auront pareillement le fufil haut jufqu'à ce qu'ils aient rejoint la troupe.

C C L I I I.

QUAND le Brigadier aura plufieurs vedettes à relever, il commencera toûjours par la plus éloignée, & ramènera enfemble tous les Dragons qu'il aura relevés.

C C L I V.

LA nouvelle vedette prendra la gauche de la vieille en la relevant, & le Brigadier fe tiendra devant elle pour avoir attention que la configne foit bien donnée.

DES GARDES A PIED.

C C L V.

QUAND le Commandant du camp jugera à propos de faire monter des gardes à pied aux Dragons, il leur fera affigner, autant qu'il fera poffible, des poftes féparés, fans les mêler avec l'Infanterie.

C C L V I.

LES gardes & détachemens à pied s'affembleront à la tête du régiment à la droite des gardes à cheval, & feront conduits de même après l'infpection à la tête du régiment chef de brigade, & delà au rendez-vous général des gardes, à moins qu'il n'ait été ordonné de les envoyer en droiture au lieu de leur destination.

CCLVII.

Inspection des gardes. LORSQUE les détachemens auront été rangés, & les Dragons d'ordonnance placés, le Major général fera mettre aux Dragons à pied la bayonnette au bout du fusil, & les fera reposer sur leurs armes.

CCLVIII.

LE Commandant du camp & celui des Dragons en feront l'inspection, s'ils le jugent à propos; & quand ils l'ordonneront, le Major général fera défiler les gardes.

CCLIX.

CHAQUE Capitaine fera le commandement à sa troupe pour marcher; il marchera à la tête, le Lieutenant à la gauche & en arrière du Capitaine, & le Maréchal-des-logis à la queue.

CCLX.

Mot de ralliement. LE Major général, qui fera défiler les gardes, donnera le mot de ralliement au Commandant de chaque poste; & lorsque les gardes ne s'assembleront point, il sera remis ou envoyé par le Major général aux Majors des régimens, dans autant de billets cachetés qu'il devra y avoir de détachemens postés pour la sûreté du camp.

CCLXI.

Sortie du camp. LES Officiers des détachemens destinés pour les gardes qui seront placées aux environs du camp, observeront dès qu'ils seront en marche, de faire ôter les tampons de dessus le bassinet des fusils de leurs troupes.

CCLXII.

Avant-garde. ILS feront marcher devant eux un Brigadier & quelques Dragons,

Dragons, qui s'avanceront environ cinquante pas en avant de la troupe, obfervant de ne la point perdre de vûe, & de faire enforte qu'ils ne puiffent point en être féparés.

CCLXIII.

LE Dragon d'ordonnance qui conduira la troupe, marchera devant elle, & à l'avant-garde quand il y en aura une.

CCLXIV.

LORSQUE la nouvelle garde approchera du pofte qu'elle devra relever, la vieille garde s'affemblera au milieu du pofte, & après avoir reconnu la nouvelle, elle la laiffera entrer dans le pofte où elle bordera le parapet. *Entrée au pofte.*

CCLXV.

DANS les lieux qui ne feront point fermés, la nouvelle garde fe mettra en bataille à la droite & fur le même alignement de l'ancienne.

CCLXVI.

LES Officiers, Maréchaux-des-logis, Brigadiers & Carabiniers qui devront defcendre la garde, donneront exactement la configne à ceux qui la monteront. *Prendre la configne.*

CCLXVII.

LES Brigadiers ou Carabiniers iront enfuite pofer les fentinelles de la nouvelle garde, & relever ceux de l'ancienne. *Relever les fentinelles.*

CCLXVIII.

PENDANT qu'on relèvera les fentinelles, le Capitaine qui montera la garde prendra tous les éclairciffemens néceffaires de celui qui la defcendra.

CCLXIX.

LORSQUE la vieille garde partira il enverra avec elle *Dragon d'ordonnance.*

G

un Dragon intelligent de son détachement qui ira à l'ordonnance chez le Major général des Dragons ; ce Dragon lui apportera les ordres qui pourront survenir, & conduira le lendemain la garde qui devra le relever.

CCLXX.

Dans le cas où les gardes de Dragons à pied seroient éloignées du camp & dans des postes dangereux, on donnera à chacune un ou deux Dragons d'ordonnance à cheval pour que le Capitaine puisse avec plus de célérité donner des nouvelles au camp de ce qui pourra se passer dans son poste.

CCLXXI.

Pose des premières gardes.

Les premières gardes qui seront posées à l'arrivée des troupes au camp, ou celles qui seront demandées d'augmentation, seront conduites par ceux qui auront été chargés de reconnoître les endroits où elles devront être posées.

DU SERVICE DES GARDES A PIED
dans leurs postes.

CCLXXII.

Leur établissement.

A l'arrivée d'une garde à son poste, soit qu'elle en relève une autre ou non, le Commandant la disposera comme il voudroit qu'elle fût en cas d'attaque, & aura soin que chaque Dragon mette son fusil à son poste.

CCLXXIII.

Il fera placer les sentinelles, ou les changera s'il les trouve mal placés ; il se fera rendre compte de leur consigne, & il en augmentera ou diminuera le nombre, ou même les fera doubler en certains endroits, soit de jour, soit de nuit, selon qu'il le jugera nécessaire.

CCLXXIV.

IL reconnoîtra les chemins ou débouchés par lesquels l'ennemi pourroit venir à lui, afin d'y mettre s'il en est besoin quelques petits postes en avant qui se retireront la nuit au gros de la troupe.

CCLXXV.

IL fera travailler diligemment les Dragons à retrancher le poste, s'il ne l'est pas suffisamment; & il se servira de tous les moyens praticables pour le mettre en état de défense.

CCLXXVI.

LE Commandant du poste fera reconnoître pendant le jour, les chemins que ses patrouilles auront à tenir pendant la nuit, & fera faire cette reconnoissance par ceux mêmes qu'il destinera pour ces patrouilles. *Reconnoître le chemin des patrouilles.*

CCLXXVII.

VERS le soir il expliquera aux Officiers, au Maréchal-des-logis & aux Brigadiers qui seront avec lui, les rondes qu'ils auront à faire pendant la nuit, & il en règlera les heures, de façon que les sentinelles puissent être visitées souvent. *Disposition pour la nuit.*

CCLXXVIII.

A l'entrée de la nuit, il donnera à ces Officiers, Maréchal-des-logis & Brigadiers, le mot de ralliement qu'il aura reçû avant de partir du camp.

CCLXXIX.

IL fera mettre les sentinelles d'augmentation pour la nuit, & les fera doubler dans les endroits nécessaires, défendant aux sentinelles doublés de parler ensemble, &

G ij

leur ordonnant de regarder alternativement chacun de différens côtés.

CCLXXX.

Il fera prendre enſuite les armes à ſon détachement pour en faire la viſite & inſtruire encore plus préciſement les Dragons du poſte qu'ils devront occuper en cas d'attaque.

CCLXXXI.

Il leur fera garder leurs armes toute la nuit entre leurs bras, veillant à ce qu'ils ſe tiennent aſſis autour du feu vis-à-vis leur poſte, ſans dormir, & qu'ils couvrent la platine de leur fuſil, pour que la pluie ni la roſée ne puiſſent la mouiller.

CCLXXXII.

Patrouilles. Il fera faire des patrouilles pendant la nuit en dehors de ſon poſte, leſquelles feront plus ou moins fréquentes, ſuivant les circonſtances.

CCLXXXIII.

Celui qui ſera chargé de faire la patrouille, prendra avec lui deux hommes à ſon choix & partira, après avoir reçû les ordres de l'Officier qui commandera.

CCLXXXIV.

Il obſervera de marcher avec le moins de bruit qu'il ſera poſſible, & de faire halte de temps en temps pour écouter.

CCLXXXV.

Quelque rencontre qu'il faſſe il ne tirera jamais, que lorſqu'étant coupé il ne pourra retourner à ſon poſte pour l'avertir.

CCLXXXVI.

Sa tournée étant finie, il s'arrêtera lorſque le ſentinelle

aura crié *halte là!* & il attendra qu'un Brigadier efcorté de deux Dragons, vienne le reconnoître & recevoir de lui le mot de ralliement.

CCLXXXVII.

Dès qu'il aura été reconnu on le laiffera entrer dans le pofte avec fes Dragons, & il rendra compte au Commandant de ce qu'il aura vû & entendu.

CCLXXXVIII.

Pendant que la patrouille fera dehors, une partie des Dragons du pofte en bordera les retranchemens.

CCLXXXIX.

Dans les poftes expofés où il feroit à craindre que le cri des fentinelles ne les fît découvrir, on leur donnera, de même qu'à ceux qui feront les patrouilles, un fignal muet dont on fera convenu.

CCXC.

Au petit point du jour, les Officiers & leurs détachemens borderont le parapet de leurs poftes, & y refteront jufqu'à ce que la découverte ait été faite.

CCXCI.

Lorfqu'il fera jour, on détachera le Maréchal-des-logis & quatre Dragons pour aller faire la découverte.

Difpofition au point du jour.

CCXCII.

Le Maréchal-des-logis, chargé de cette commiffion, ira exactement dans tous les endroits qui lui auront été indiqués par fon Commandant, & il vifitera tous les lieux circonvoifins où l'ennemi auroit pû s'embufquer.

CCXCIII.

La découverte étant faite, on relèvera les fentinelles d'augmentation qui auront été pofés pendant la nuit.

CCXCIV.

Les Dragons remettront leurs armes à leur place, & le Maréchal-des-logis les leur fera essuyer, & on ne leur permettra jamais, à moins qu'il ne pleuve, de mettre leurs couvre-platines.

CCXCV.

Aller au qui vive. Les gardes ordinaires placées pour la sûreté du camp, feront reconnoître exactement les troupes & les personnes qui en approcheront, soit pour entrer dans le camp ou pour en sortir.

CCXCVI.

Dès que les sentinelles apercevront une troupe ou quatre ou cinq personnes ensemble qui viendront de leur côté, ils avertiront le poste & présenteront les armes.

CCXCVII.

Aussi-tôt l'Officier fera prendre les armes aux Dragons de son détachement, leur faisant mettre l'arme au bras, & en même temps il enverra reconnoître la troupe par le Maréchal-des-logis & quatre Dragons, qui iront se placer près le sentinelle les armes présentées.

CCXCVIII.

Lorsque le Maréchal-des-logis sera à portée d'être entendu, il criera *qui vive !* & après qu'il lui aura été répondu *France*, il demandera *quel régiment !*

Ayant reconnu la troupe par la seconde réponse qui lui aura été faite, il détachera un Dragon pour en aller rendre compte au Commandant du poste, & cependant il fera faire halte à cette troupe, jusqu'à ce que ledit Commandant lui ait envoyé dire de la laisser approcher ou passer.

CCXCIX.

Le Commandant du poste fera rester son détachement

en état jusqu'à ce que la troupe soit passée & hors de sa vûe, & il fera rendre au Commandant du camp, à celui des Dragons & aux Officiers de piquet les honneurs qui leur sont dûs.

Les honneurs rendus par les différentes batteries de tambours, cesseront à la retraite, & ne recommenceront qu'à l'heure marquée pour battre l'assemblée des gardes.

C C C.

S I le Lieutenant devoit être détaché du poste du Capi- *Poste détaché.* taine, il marchera avec lui jusqu'au poste que le Capitaine devra occuper, où il le quittera pour aller prendre le sien, conduit par un Dragon d'ordonnance.

C C C I.

L E Lieutenant avant de quitter le Capitaine, prendra de lui le mot de ralliement, qu'il ne donnera que le soir aux Brigadiers & Carabiniers détachés avec lui.

C C C I I.

I L n'enverra pas d'ordonnance chez le Major général, mais au poste du Capitaine.

C C C I I I.

I L se conduira pour relever le poste pour sa sûreté & pour les autres choses qu'il aura à faire de la même manière que le Capitaine le devroit faire.

C C C I V.

L O R S Q U' I L sera relevé il viendra rejoindre le Capitaine à son poste, pour retourner au camp avec lui, sans que l'un ni l'autre puisse s'en retourner séparement.

C C C V.

L E S Officiers de garde descendront exactement la *Rentrée* parade à la tête du camp de leur régiment. *au camp.*

CCCVI.

Ils y mettront leur détachement en bataille, pour examiner s'il n'y manquera personne, & après lui avoir fait faire demi-tour à droite & présenter les armes, ils le congédieront.

CCCVII.

Les gardes à pied des Dragons se conformeront au reste à ce qui est prescrit pour les gardes à cheval, depuis & compris l'article CCXXXIX jusqu'à l'article CCXLV.

DES SENTINELLES.

CCCVIII.

Heures de faction. Les sentinelles des postes seront relevés de deux en deux heures, sans qu'on puisse les laisser plus long-temps en faction.

CCCIX.

Si on campoit dans des temps de grande gelée, on les relèveroit toutes les heures.

CCCX.

Pose des sentinelles. Avant que les sentinelles partent d'un poste, ils seront présentés à celui qui commandera, lequel les fera mettre en haye, examinera s'ils seront en état, & les verra partir sous la conduite d'un Brigadier ou d'un Carabinier qui marchera à la tête, les sentinelles le suivant deux à deux.

CCCXI.

Les sentinelles allant relever, suivront le Brigadier ou le Carabinier, sans pouvoir s'en séparer pour l'aller attendre sur son chemin.

CCCXII.

CCCXII.

Ceux qui feront relevés le fuivront de même pour revenir au pofte, & aucun d'eux ne pourra pofer les armes, qu'après que le Commandant l'aura vû.

CCCXIII.

Les fentinelles en fe relevant fe préfenteront les armes l'un à l'autre, & ils fe donneront la configne en préfence de leur Brigadier ou Carabinier qui feul les écoutera.

CCCXIV.

Aucun fentinelle ne fe laiffera jamais relever que par le Brigadier ou Carabinier de fon détachement.

CCCXV.

Tout Dragon commandé, foit pour aller en faction, foit pour marcher à l'avant-garde, foit pour aller à la découverte ou en patrouille, marchera l'arme au bras, la bayonnette au bout. *Port des armes.*

CCCXVI.

Les fentinelles étant aux guidons & aux faifceaux, ceux des poftes placés pour la fûreté du camp, ceux qui feront chargés de garder des criminels, & ceux qui feront mis à des magafins, auront de même l'arme au bras, la bayonnette au bout, & ne préfenteront les armes que lorfqu'il paffera des troupes à portée d'eux, ou qu'ils croiront devoir fe mettre en état de défenfe.

CCCXVII.

Les fentinelles placés pour la garde de l'artillerie ou des poudres, auront le fabre à la main.

CCCXVIII.

Les fentinelles des autres gardes particulières, porteront le fufil fans avoir la bayonnette au bout, de même que tout autre sentinelle qui ne sera pas dans le cas des exceptions ci-dessus.

DES DRAGONS D'ORDONNANCE.

CCCXIX.

IL sera commandé tous les jours deux Dragons & un Brigadier, pour être d'ordonnance chez le Commandant des Dragons.

CCCXX.

IL y aura aussi deux Dragons d'ordonnance avec un Brigadier chez le Major général des Dragons.

DES DÉTACHEMENS.

CCCXXI.

Leur assemblée. TOUS les détachemens commandés, tant à pied qu'à cheval, seront formés chacun à la tête du régiment qui le fournira.

CCCXXII.

L'OFFICIER-MAJOR qui en fera l'inspection visitera les armes & munitions des Dragons en présence des Officiers qui devront commander le détachement, il vérifiera si les Dragons auront du pain & de l'avoine, pour le temps qui aura été ordonné, & il ne souffrira point de chevaux qui ne soient en bon état.

CCCXXIII.

POUR remédier à ce qui pourroit se trouver de manque à cette inspection, il s'y trouvera un Officier; & au défaut d'Officier, un Maréchal-des-logis de chaque compagnie.

CCCXXIV.

L'Officier-major du régiment conduira enfuite les détachemens à la tête du régiment chef de brigade, où il les remettra au Major général en lui donnant par écrit le nom des régimens qui auront fourni les différens détachemens & ceux des Officiers de tous grades qui feront attachés à chaque troupe commandée, & le Major général, après les avoir vifités, les conduira au rendez-vous indiqué.

CCCXXV.

Les détachemens de Dragons, foit à pied, foit à cheval, de quelque régiment qu'ils foient, marcheront entr'eux fuivant le rang des régimens dont ils auront été tirés, mais les Capitaines commanderont entr'eux fuivant l'ancienneté de leur commiffion. *Rang des détachemens.*

CCCXXVI.

L'Officier de grade fupérieur, foit d'Infanterie ou de Dragons, commandera par-tout à celui d'un grade inférieur. *Commandement.*

CCCXXVII.

Dans les détachemens mêlés d'Infanterie & de Dragons à pied, les Officiers d'Infanterie commanderont à grade égal à ceux de Dragons ; bien entendu que dans les détachemens où les Dragons ferviront à cheval, leurs Officiers, à grade égal, commanderont en campagne à ceux d'Infanterie.

CCCXXVIII.

Tout Officier qui aura été nommé à l'ordre de l'armée pour commander un détachement compofé d'Infanterie & de Dragons, le commandera pendant tout le temps que ce détachement fera hors du camp & dans quelque lieu qu'il fe trouve.

CCCXXIX.

Mot de ralliement.   TOUT Officier qui commandera un détachement fortant du camp, donnera un mot de ralliement à fa troupe, & même s'il en eft befoin, un rendez-vous pour la raffembler.

CCCXXX.

Retour des détachemens.   QUAND au retour d'un détachement, il fe trouvera à la vûe du camp & en dedans des gardes ordinaires, l'Officier qui le commandera fera faire halte à fon avant-garde, & mettra fes troupes en bataille à mefure qu'elles arriveront, faifant face en dehors du camp.

CCCXXXI.

DÈS que fon arrière-garde l'aura joint, il fera défiler devant lui chaque troupe pour retourner à leur camp.

CCCXXXII.

AVANT de faire défiler, il examinera s'il ne manquera perfonne, afin de faire châtier les Dragons qui fe feront abfentés.

CCCXXXIII.

S'IL s'en trouve quelqu'un chargé de maraude, il le fera arrêter & conduire fur le champ au Prevôt.

CCCXXXIV.

SI le détachement eft chargé d'efcorter quelque convoi, il ne féparera point fes troupes que tout le convoi ne foit entré dans le camp.

CCCXXXV.

LES détachemens de chaque régiment ne fe fépareront

qu'à la tête de leur régiment, & il ne fera permis à aucun Dragon de quitter plus tôt fa troupe.

CCCXXXVI.

APRÈS avoir fait l'arrière-garde de tous les détachemens, il ira rendre compte au Commandant du camp & à celui des Dragons.

CCCXXXVII.

LE Lieutenant-colonel rendra compte de plus au Meftre-de-camp du régiment, & les autres Officiers inférieurs au Commandant du régiment, quel qu'il foit, quand même ils n'auroient fait que marcher avec leur troupe fans avoir de commandement.

CCCXXXVIII.

LES détachemens qui rencontreront des troupes ou des Officiers généraux auxquels le falut eft dû, en uferont à cet égard de même qu'il eft dit pour les gardes ordinaires.

CCCXXXIX.

CHAQUE Commandant de détachement aura foin de faire décharger les armes des Dragons qui le compoferont, avant de les faire rentrer dans le camp, comme il a été dit pour les gardes.

DES MARCHES.

CCCXL.

ON commencera par battre la générale quand toutes les troupes du camp devront marcher ou prendre les armes. *Ordre des batteries.*

CCCXLI.

AU lieu de la générale on battra aux champs en

premier lieu, quand il n'y aura qu'une partie des troupes qui devra marcher.

CCCXLII.

ON battra l'assemblée en second lieu, soit que les troupes doivent marcher en tout ou en partie.

CCCXLIII.

Générale, ou Premier.   AUSSI-TÔT qu'on battra la générale ou le premier, les Majors des régimens se rendront auprès du Major général pour recevoir les ordres qu'il aura à leur donner.

CCCXLIV.

LE piquet montera à cheval & mettra des vedettes à la queue & sur les flancs du camp, comme il a été dit au titre du piquet.

CCCXLV.

L'OFFICIER-MAJOR sortant de piquet assemblera les détachemens qui seront commandés, soit pour escorter les équipages, soit pour faire l'arrière-garde, ou pour toute autre commission.

CCCXLVI.

IL rassemblera aussi les vieilles gardes qui, n'ayant pas rejoint leurs corps, devront faire l'arrière-garde, ou en composer une partie.

CCCXLVII.

LES Officiers supérieurs & l'Officier-major entrant de piquet se trouveront à la tête du camp avec les nouvelles gardes & les campemens.

CCCXLVIII.

ILS marcheront avec les campemens, & à mesure que les gardes seront postées l'Officier-major de piquet en prendra note & en remettra l'état au Major général des

Dragons, qui en donnera aussi un état au Commandant du camp & à celui des Dragons.

CCCXLIX.

Les Tambours, après avoir battu le second ou l'assemblée, monteront à cheval & se rassembleront au centre du régiment, en avant des guidons pour attendre le moment où ils devront battre à cheval, & pour cet effet ils auront la précaution d'équiper & charger leurs chevaux avant de commencer à battre le second.

Assemblée, ou Second.

CCCL.

Les Officiers des compagnies feront abattre, plier & charger diligemment les tentes.

CCCLI.

Les Maréchaux-des-logis veilleront avec les chefs de chambrée à ce que chaque Dragon rassemble son équipage, sans se charger de choses inutiles; feront éteindre les feux exactement, & empêcheront que les Dragons ne brûlent la paille du camp, à quoi les Commandans des corps veilleront pareillement.

CCCLII.

Lorsqu'on battra à cheval, les Dragons déboucheront pour se mettre en bataille à la tête de leur camp.

A cheval.

CCCLIII.

Lorsque le Major général fera mettre en mouvement le régiment chef de brigade, ceux des autres régimens en feront autant, & ils marcheront ensemble en bataille environ trente pas à la tête du camp où ils feront halte.

Marche.

CCCLIV.

Les régimens marcheront dans le même ordre qu'ils feront campés.

CCCLV.

Dès que le premier régiment marchera, les autres exécuteront aussi-tôt les mêmes mouvemens, pour que la ligne se déploye en même temps, à moins que la disposition de la marche n'exige qu'ils partent successivement.

CCCLVI.

Aucun Officier ne quittera sa troupe pendant la marche sans la permission du Commandant du régiment.

CCCLVII.

Les Officiers-majors se promèneront de la tête à la queue de leur régiment pour examiner si tout est en règle, & ils en rendront compte au Commandant du régiment.

CCCLVIII.

Dragons à leur rang. Les Dragons ne pourront sortir de leur rang pour s'écarter de la colonne.

CCCLIX.

On obligera ceux qui auront des besoins, à avertir, & on laissera avec eux un Brigadier qui les obligera de rejoindre diligemment.

CCCLX.

Il sera défendu de laisser boire les chevaux en marche; les Maréchaux-des-logis des compagnies auront attention de l'empêcher, & à cet effet, au passage de chaque gué, le Commandant du régiment laissera un Officier qui sera relevé successivement par un autre Officier de chacune des compagnies suivantes.

CCCLXI.

Valets. Les Officiers ne pourront se faire suivre dans les marches que par un seul valet à cheval, avec un cheval de main,

main, en ce cas ces valets se tiendront dans l'intervalle des escadrons.

CCCLXII.

Si quelques Dragons écartés font du desordre, on enverra un Officier avec des Dragons pour les arrêter. *Dragons écartés.*

CCCLXIII.

Si un Dragon est rencontré hors de la marche de la colonne, sans que les Officiers de sa compagnie aient averti le Commandant du régiment, & celui-ci le Brigadier, celui de ces Officiers qui y aura manqué, sera responsable du desordre que ce Dragon aura fait.

CCCLXIV.

Les Officiers de tel corps que ce soit, feront arrêter tout Dragon qui ne sera pas à sa troupe, quand même son régiment ne seroit pas dans la colonne, & ils le feront conduire à son régiment, lorsqu'on sera arrivé au nouveau camp.

CCCLXV.

Les Commandans des régimens donneront main-forte au Prevôt, s'ils en sont requis, & ils concourront avec lui pour empêcher le desordre : ceux des détachemens en feront de même. *Main-forte au Prevôt.*

CCCLXVI.

Ils empêcheront que personne ne tire en marche, & feront arrêter les Dragons qui auront tiré, lesquels seront envoyés au Prevôt. *Défense de tirer.*

CCCLXVII.

Ils ne souffriront dans les colonnes des troupes, sous tel prétexte que ce puisse être, ni chaise, ni carosse, ni aucune autre espèce de voiture à roues. *Voitures.*

I

CCCLXVIII.

Cris.   ILS empêcheront que perſonne ne crie ni *Halte*, ni *Marche*, & qu'on ne faſſe paſſer aucune parole.

CCCLXIX.

Haltes.   SI les troupes de la queue d'une colonne ne peuvent ſuivre la tête, ou qu'il leur arrive quelqu'accident qui les oblige à s'arrêter, le Tambour qui marchera à la tête de l'eſcadron demeuré en arrière, appellera : les autres Tambours appelleront d'eſcadron en eſcadron juſqu'à la tête qui fera halte, en attendant que le même Tambour qui aura commencé à appeler, batte aux champs; & cependant le Commandant de l'eſcadron qui ſera arrêté, enverra un Officier à celui qui ſera chargé de la conduite de la colonne, pour l'avertir de ce qui ſera arrivé.

CCCLXX.

Paſſage du Commandant du camp.   LORSQUE le Commandant du camp paſſera le long d'une colonne de Dragons, étant en marche ou en halte, les Dragons ne mettront point le fuſil haut, & les troupes qui marcheroient ne s'arrêteront pas, mais les Tambours battront ſelon ſon grade.

CCCLXXI.

Arrivée au nouveau camp.   LES régimens en arrivant au nouveau camp, ſe formeront en bataille à la tête du terrein qui leur ſera deſtiné, & ils n'y entreront que lorſque le Commandant des Dragons l'ordonnera.

DES ÉQUIPAGES.

CCCLXXII.

Voitures.   LA ſuppreſſion des voitures à deux roues, à l'exception des chaiſes ayant été ordonnée, on ne ſouffrira au camp que des chariots à quatre roues avec un timon, qui feront tirés au moins par quatre chevaux attelés deux à deux.

CCCLXXIII.

LE Commandant des Dragons & les Meftres-de-camp, Lieutenans-colonels ou autres anciens Officiers de ce corps, qui pourroient avoir befoin d'une chaife, en demanderont la permiffion au Commandant du camp, qui la leur donnera par écrit, s'il le juge à propos.

CCCLXXIV.

IL ne pourra y avoir plus d'un vivandier, un boulanger & un boucher à la fuite de chaque régiment, & ils auront chacun un chariot feulement.

CCCLXXV.

LE Commandant & les Meftres-de-camp de Dragons ne pourront avoir plus de feize chevaux d'équipage, y compris l'attelage d'une voiture à quatre roues. *Nombre de chevaux.*

CCCLXXVI.

LES autres Officiers ne pourront avoir un plus grand nombre de chevaux de monture ou de bât, que celui pour lequel ils reçoivent des fourrages quand Sa Majefté leur en fait donner.

CCCLXXVII.

LES Majors des régimens donneront au Commandant du camp, un état exact de ce que chaque Officier aura d'équipage, & de leur efpèce.

CCCLXXVIII.

LE Commandant des Dragons choifira entre les Brigadiers des compagnies de ce corps celui qu'il jugera le plus capable de faire les fonctions de Vaguemeftre de brigade. *Vaguemeftres.*

CCCLXXIX.

IL sera choisi de même par le Mestre-de-camp dans chaque régiment un Brigadier, pour faire les fonctions de Vaguemestre particulier du régiment, lequel recevra les ordres du Vaguemestre de brigade.

CCCLXXX.

LA veille de chaque jour de marche, le Vaguemestre de brigade prendra l'ordre du Major général des Dragons, sur l'heure & le lieu où les équipages devront être conduits le lendemain, & il le rendra aux Vaguemestres des autres régimens.

CCCLXXXI.

LES Vaguemestres des régimens disposeront les équipages de leurs régimens en file, suivant le rang des escadrons & celui des compagnies dans l'escadron.

CCCLXXXII.

LES Vaguemestres des régimens ne souffriront point qu'aucun bagage se mette en marche que le Vaguemestre de la brigade ne soit venu l'ordonner, ce que celui-ci ne fera point que le Major général des Dragons n'en ait envoyé l'ordre.

CCCLXXXIII.

LES Vaguemestres feront arrêter tous charretiers & conducteurs de bagages qui se seront mis en marche avant l'heure ordonnée.

CCCLXXXIV.

Fanion.   IL y aura à chaque régiment un étendard nommé *fanion*, qui sera porté par un des valets que le Major choisira : la banderole du fanion sera d'un pied en quarré, & d'étoffe de laine des couleurs affectées au régiment dont le nom y sera écrit.

CCCLXXXV.

Lorsque le Vaguemeſtre de brigade aura reçû l'ordre pour marcher, il fera mettre en marche le bagage de chaque régiment, ſuivant le rang que le régiment tiendra dans la brigade.

Marche des bagages.

CCCLXXXVI.

Le bagage du Commandant des Dragons marchera à la tête des équipages de la brigade.

CCCLXXXVII.

Le Vaguemeſtre de la brigade en conduira les équipages pendant la marche, en ſuivant exactement les guides qui conduiront la colonne, & ſans les devancer.

CCCLXXXVIII.

Il fera arrêter tous les valets qui voudroient paſſer devant le fanion de leur régiment, à la ſuite duquel ils reſteront raſſemblés, à l'exception de ceux qui marcheront avec leurs maîtres dans les diviſions.

CCCLXXXIX.

Il veillera à ce que chaque Vaguemeſtre particulier faſſe ſon devoir, & à ce que l'ordre ſoit ponctuellement exécuté.

CCCXC.

Chacun des Vaguemeſtres particuliers des régimens ſera aſſidu pendant la marche auprès des bagages de ſon régiment, & tiendra la main à les faire avancer & ſuivre dans le rang où il les aura mis.

CCCXCI.

Il fera commandé un détachement pour eſcorter chaque colonne d'équipage; & l'Officier qui la commandera devant être inſtruit de l'ordre de la marche, aura ſoin de faire obſerver exactement ce qui aura été ordonné,

& de faire arrêter qui que ce soit qui voudra croiser la file.

CCCXCII.

ON ne donnera aucune escorte armée à l'équipage particulier de qui que ce puisse être, & on n'y enverra aucun Dragon; en cas de contravention, le Major du corps dont sera l'escorte en rendra compte au Commandant du régiment & au Major général des Dragons.

CCCXCIII.

LES valets se tiendront dans les marches à l'équipage de leurs maîtres, & les vivandiers où ils devront être, sans s'écarter à droite ni à gauche.

CCCXCIV.

LES équipages qui se feront arrêtés, pour quelque cause que ce soit, ne pourront reprendre la file qu'à la queue des équipages de leur régiment ou de la brigade; & si ceux de la brigade étoient passés avant qu'ils fussent en état de marcher, ils seront obligés d'attendre que tous les équipages de la colonne soient passés pour en prendre la queue.

CCCXCV.

AUCUN charretier ni conducteur de bagages ne coupera ni devancera l'équipage qui le précédera, à moins que celui-ci ne puisse pas suivre la colonne.

CCCXCVI.

CEUX qui contreviendront à ce qui est prescrit ci-dessus pour l'ordre de la marche des bagages, seront punis suivant la rigueur des ordonnances.

CCCXCVII.

LES menus équipages marcheront dans le même ordre que les gros, lorsqu'ils en seront séparés; en ce cas, outre l'escorte qui marchera avec les gros équipages, on commandera un Brigadier pour contenir les valets qui seront aux menus équipages de la brigade.

DES FOURRAGES.

CCCXCVIII.

Lorsqu'il y aura un fourrage commandé, il sera consigné dès la veille aux sentinelles de nuit tirés de la garde du camp & du piquet, de ne laisser sortir du camp aucun Dragon ni domestique sans la permission du Capitaine de piquet, & cette consigne sera renouvelée à ceux de la nouvelle garde qui les relèveront.

CCCXCIX.

Dès que le nouveau piquet aura été assemblé le matin à la tête du camp, il posera à la queue & sur les flancs des vedettes, qui auront la même consigne.

C D.

Les Officiers du piquet se promèneront à cheval autour du camp, pour voir si ces vedettes feront leur devoir & s'il ne sortira personne du camp.

C D I.

On commandera dès le soir les gardes & les petites escortes pour le fourrage du lendemain.

C D I I.

Les gardes destinés à former la chaîne, seront conduits au rendez-vous à l'heure indiquée par un Officier-major de la brigade.

C D I I I.

Les petites escortes seront d'un Dragon par compagnie, & commandées par un Capitaine, avec un Tambour, pour rassembler les fourrageurs en cas de besoin.

C D I V.

ELLES marcheront chacune avec les fourrageurs de leur régiment, jufque dans l'enceinte défignée pour le fourrage.

C D V.

LES fourrageurs marcheront dans le même ordre que les troupes font campées.

C D V I.

LE Major de chaque régiment en conduira les fourrageurs au rendez-vous du fourrage.

C D V I I.

ILS feront auffi conduits par le Meftre-de-camp & le Lieutenant-colonel, & en leur abfence par le premier Capitaine qui fe trouvera n'être point commandé pour d'autre fervice.

C D V I I I.

LE Capitaine de la petite efcorte fera toûjours fubordonné à celui qui conduira les fourrageurs du régiment; fi cependant il fe trouvoit plus ancien, il prendroit en ce cas la conduite des fourrageurs, & fon fervice de corvée étant cenfé fait, il feroit remplacé tout de fuite à la petite efcorte.

C D I X.

IL y aura toûjours un Officier à la tête des fourrageurs de chaque compagnie pour les contenir, ainfi que les valets des Officiers de la compagnie.

C D X.

LORSQUE le Commandant des fourrageurs aura permis de les laiffer débander, & qu'ils auront mis pied à terre, les petites efcortes feront raffemblées ou difperfées felon que ledit Commandant l'ordonnera.

C D X I.

C D X I.

Les petites escortes ne se retireront qu'après que les fourrageurs se seront retirés, & le Commandant les ramenera avec ordre à la suite des fourrageurs qui seront accompagnés de leurs Officiers.

DES DISTRIBUTIONS.

C D X I I.

Lorsqu'il y aura des distributions à faire, les Dragons de chaque régiment y seront conduits en bon ordre par un Officier-major.

C D X I I I.

Cet Officier aura attention à ce que la distribution soit faite en règle, & donnera son reçû de ce qui aura été fourni.

C D X I V.

Il se concertera avec le Commissaire des guerres qui sera présent pour lever les difficultés qui pourroient survenir, & s'abstiendra de toutes voies de fait.

C D X V.

Si le Commissaire des guerres & l'Officier-major ne s'accordoient pas sur la manière de terminer les difficultés survenues, l'Officier-major en rendra compte au Major général des Dragons, & le Commissaire des guerres à l'Intendant.

C D X V I.

L'Officier chargé de ce détail ne se présentera point à la distribution qu'il n'ait un état exact du nombre des rations qu'il aura à demander pour le régiment, compagnie par compagnie.

K

CDXVII.

Il se rendra d'abord où le commis principal tiendra le bureau, & celui-ci donnera un Commis particulier pour le conduire avec sa troupe au lieu où la distribution devra être faite.

CDXVIII.

Il sera fait mention sur les reçûs des quantités qui auront été délivrées pour chaque compagnie & pour l'Etat-major.

CDXIX.

Le même ordre s'observera à toutes les distributions de quelqu'espèce qu'elles soient.

CDXX.

On chargera autant qu'il se pourra le même Officier d'assister toûjours à la même espèce de distribution.

CDXXI.

Les distributions se feront à chaque régiment dans le rang qui aura été prescrit à l'ordre.

DE LA DISCIPLINE & police du camp.

CDXXII.

Prendre les armes. Aucun régiment ne prendra les armes, sans la permission du Commandant du camp, à moins qu'il ne lui soit ordonné par le Commandant ou le Major général des Dragons.

CDXXIII.

Uniforme des Officiers. Tous les Officiers porteront les habits uniformes de leurs régimens, ils ne monteront point de chevaux qu'ils n'aient aussi des housses de cet uniforme, & ne paroîtront point chez le Commandant du corps ni aucun autre Officier supérieur, sans avoir des bottines ou des bottes molles.

CDXXIV.

LES Lieutenans & Maréchaux-des-logis qui seront commandés pour quelque service que ce soit, à pied ou à cheval, porteront un fusil & une gibecière, & si quelqu'un d'eux se trouve au rendez-vous des gardes & détachemens sans en porter, il sera envoyé aux arrêts. *Leur armement.*

CDXXV.

LES Mestres-de-camp & autres Officiers, camperont régulièrement chacun à leur régiment & compagnie. *Campement des Officiers.*

CDXXVI.

LES Officiers-majors des régimens camperont pareillement à leur régiment.

CDXXVII.

AUCUN Officier ne pourra s'absenter du camp ni même en découcher quand ce ne seroit que pour un jour, sans la permission par écrit du Commandant du camp; & on s'adressera au Commandant des Dragons pour avoir cette permission, après l'avoir obtenue du Commandant du régiment. *Absence des Officiers.*

CDXXVIII.

A l'arrivée des troupes au camp, on fera battre des bans pour publier les défenses ci-après, sous les peines portées par les ordonnances, ou celles qui seront ordonnées par le Commandant du camp, s'il juge à propos d'en infliger de plus sévères. *Bans.*

CDXXIX.

IL sera défendu de rien prendre dans les maisons voisines du camp, ni dans aucun autre lieu, de cueillir aucun *Défenses.*

K ij

fruit, herbages ni légumes dans les jardins ni dans les champs, de couper aucun arbre fruitier ou autres, ni aucune haye, & d'entrer dans les vignes.

CDXXX.

Chasse & Pêche.   IL sera pareillement défendu à tous Officiers, Dragons & Valets, de chasser & de pêcher; les Commandans des corps puniront ceux qui y contreviendront, & en rendront compte au Commandant du camp.

CDXXXI.

Vivres.   MESMES défenses seront faites aux Dragons & à tous autres, de prendre quoique ce puisse être aux paysans & autres personnes qui apporteront des vivres & autres denrées au camp, soit à titre de retribution ou autrement, ni de leur faire aucun tort ou violence, même d'aller au devant d'eux, soit pour prendre ces vivres en les taxant arbitrairement ou pour les choisir avant qu'ils soient arrivés au lieu qui sera désigné pour servir de marché, ni de donner aucun empêchement aux moulins, le tout pour quelque cause & sous quelque prétexte que ce puisse être.

CDXXXII.

QUI que ce soit qui se trouvera chargé de hardes ou ustensiles, prises en maraude, sera arrêté & envoyé au Prevôt.

CDXXXIII.

Vivandiers.   LES Majors ne souffriront point qu'aucuns autres vivandiers, que ceux de leur régiment, s'établissent dans le terrein qu'il occupera.

CDXXXIV.

Gens sans aveu.   ILS ne souffriront point non plus qu'il y ait aucuns gens sans aveu à la suite des corps.

CDXXXV.

NUL Dragon ne pourra aller camper au quartier général ni ailleurs, que dans le terrein de son régiment, pour faire aucun métier ou commerce.

Commerce.

CDXXXVI.

ILS ne pourront aussi aller au quartier général sous prétexte d'acheter des vivres, sans une permission par écrit de leur Capitaine, signée du Major du régiment, laquelle permission ne pourra être accordée que pour les heures qui seront réglées par le Commandant du camp.

CDXXXVII.

LES Dragons ne pourront rien vendre dans le camp, sans une permission par écrit du Major de leur régiment.

CDXXXVIII.

IL sera défendu aux Dragons de passer les gardes établies autour du camp, sans un congé dans la forme prescrite par les ordonnances; ceux qui se trouveront hors des gardes, sans même y avoir fait du desordre, seront arrêtés & punis comme déserteurs, & on les punira comme voleurs s'ils se trouvent avoir commis du desordre.

Passer les gardes.

CDXXXIX.

LES Mestres-de-camp ou Commandans des corps, ne pourront permettre à aucuns Dragons de passer les gardes du camp, à moins que les congés qu'ils leur donneront ne soient approuvés du Commandant des Dragons, qui en demandera la permission au Commandant du camp.

CDXL.

S'IL arrivoit qu'on arrêtat aux environs du camp quelque Dragon qui eût découché sans que son Capitaine en eût averti, le Capitaine sera interdit & payera le desordre fait par le Dragon arrêté, & le Commandant du régiment en sera responsable.

CDXLI.

Mettre l'épée à la main.

IL fera défendu aux Dragons de mettre l'épée à la main dans le camp & aux environs.

CDXLII.

Balles & Plomb.

ILS ne pourront tirer ni avoir aucunes balles, plomb à giboyer ou moules pour en couler.

CDXLIII.

EN arrivant au camp, les Officiers feront, en préfence des Commandans des corps, une vifite exacte des armes & équipages des Dragons de leur compagnie, feront décharger les armes avec un tire-bourre, ou fi cela ne fe peut, les feront tirer devant eux, en prenant toutes les précautions néceffaires pour qu'il n'en arrive pas d'accidens, & ils prendront toutes les balles & autres plombs que les Dragons pourront avoir.

CDXLIV.

LORSQU'IL fera néceffaire de faire décharger les armes, on y procédera de la même manière en préfence d'un Officier, entre neuf & dix heures du matin.

CDXLV.

A la féparation du camp, les Officiers rendront aux Dragons les balles qu'ils leur auront ôtées.

CDXLVI.

LORSQU'ON affemblera les gardes ordinaires & autres détachemens, il fera donné trois balles à chaque Dragon commandé pour lefdites gardes & détachemens par le Maréchaldes-logis de leur compagnie, qui aura attention de fe faire rendre ces balles au retour des gardes & détachemens.

CDXLVII.

Uniforme des Dragons.

IL fera défendu à tous Dragons de fe traveftir ni porter d'autres habits que les uniformes des régimens dont ils feront, même de retourner leur juftaucorps, fous quelque prétexte que ce puiſſe être, ni de prêter leurs habits uniformes à des Dragons d'autres régimens, ni à des Cavaliers ou Soldats.

CDXLVIII.

LES Commandans des corps tiendront la main à ce qu'il ne ſoit établi dans le camp, ni aux environs, aucun jeu de haſard, ſous quelque nom qu'il puiſſe être déguiſé, & feront mettre en priſon, tant ceux qui auront donné à jouer, que les Officiers qui auront joué. *Jeux.*

CDXLIX.

LES Officiers & Maréchaux-des-logis de piquet, viſiteront de temps en temps les lieux où les Dragons pourroient tenir des jeux, dans le voiſinage du camp, & ils enverront des patrouilles pour arrêter ceux qui ſe trouveront en contravention.

CDL.

LE terme d'*alerte* ſera interdit pour faire prendre les armes, & les Officiers & Maréchaux-des-logis tiendront la main à ce que l'on ſe ſerve de celui d'appeller *aux armes*. *Cris défendus.*

CDLI.

LORSQUE les Majors des régimens enverront quelque Dragon ou valet au Prevôt, ils marqueront ſur un billet le ſujet pour lequel ils y feront envoyés. *Envoi au Prevôt.*

CDLII.

AUCUN Officier ne pourra engager un deſerteur venant du pays étranger, qu'après qu'il en aura obtenu la permiſſion du Commandant du camp; il ne pourra auſſi acheter les armes & les chevaux des deſerteurs ſans la permiſſion du Commandant des Dragons. *Déſerteurs étrangers.*

CDLIII.

LES chevaux qui ſeront trouvés ſans maîtres & ſans *Chevaux perdus.*

conducteurs dans le camp ou aux environs, seront conduits chez le Prevôt, qui les rendra à qui ils appartiendront.

C D L I V.

ON restituera de même, sans rien payer, ceux qui ayant été volés ou perdus seront réclamés par leurs maîtres, quand même ils auroient été vendus par ceux qui les auroient trouvés où volés ; devant être défendu à qui que ce puisse être, d'acheter des chevaux que d'une personne connue.

C D L V.

Batterie des Tambours.   LES Tambours ne battront que pour les choses ordonnées & pour leurs écoles, qui ne commenceront jamais par la générale, & se tiendront ordinairement aux heures des repas.

C D L V I.

Compte à rendre.   LES Majors des régimens rendront compte exactement au Commandant de leurs corps & à celui des Dragons, de tout ce qui s'y passera de contraire à la discipline, & des punitions qui auront été ordonnées ; & les Commandans des régimens en rendront compte pareillement au Commandant des Dragons, qui de son côté informera le Commandant du camp de tout ce qui méritera attention.

C D L V I I.

LES Commandans des Corps seront responsables des contraventions qui s'y commettront sur le fait de la discipline, & les Capitaines le seront pareillement envers eux de celles de leurs compagnies.

FAIT à Versailles le dix-sept juin mil sept cent cinquante-six. *Signé* M. P. DE VOYER D'ARGENSON.

www.ingramcontent.com/pod-product-compliance
Lightning Source LLC
Chambersburg PA
CBHW070200230526
45471CB00002B/752